Début d'une série de documents
en couleur

DU FONDEMENT

DE

L'INDUCTION

PSYCHOLOGIE ET METAPHYSIQUE

PAR

J. LACHELIER

PARIS

ANCIENNE LIBRAIRIE GERMER BAILLIÈRE ET Cie

FÉLIX ALCAN, ÉDITEUR

Fin d'une série de documents
en couleur

DU FONDEMENT

DE

L'INDUCTION

PSYCHOLOGIE ET MÉTAPHYSIQUE

DU FONDEMENT

DE

L'INDUCTION

SUIVI DE

PSYCHOLOGIE ET MÉTAPHYSIQUE

PAR

J. LACHELIER

Inspecteur général de l'Instruction publique

DEUXIÈME ÉDITION

PARIS

ANCIENNE LIBRAIRIE GERMER BAILLIÈRE ET Cⁱᵒ

FÉLIX ALCAN, ÉDITEUR

108, BOULEVARD SAINT-GERMAIN, 108

1896

Des deux morceaux réunis dans ce volume, le premier est une thèse de doctorat qui a été soutenue devant la Faculté des Lettres de Paris au mois de Décembre 1871. Elle était dédiée à M. Félix Ravaisson-Mollien, membre de l'Institut. Elle a paru la même année à l'ancienne librairie Ladrange, et elle est depuis longtemps épuisée. Le second est un article publié dans le numéro de Mai 1885 de la *Revue philosophique* (t. XIX de la collection, pp. 481 et suivantes). Ce numéro est également épuisé.

Janvier 1896.

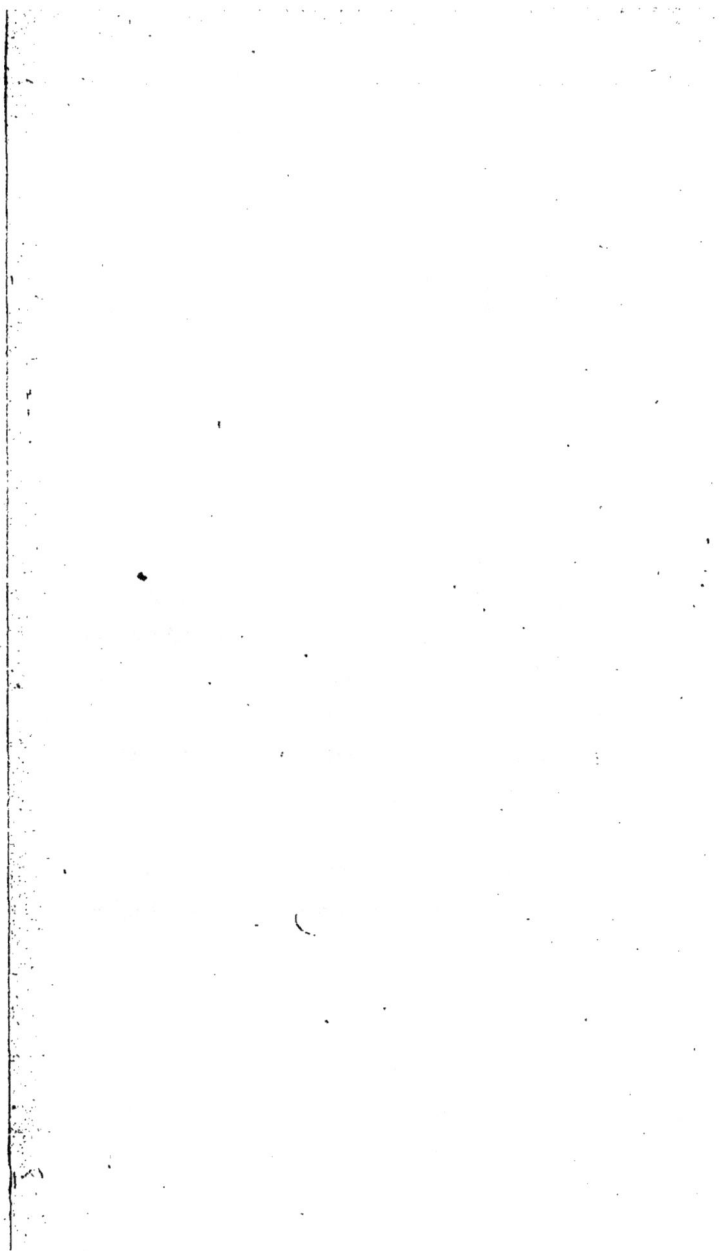

DU FONDEMENT

DE

L'INDUCTION

I

L'induction est l'opération par laquelle nous passons de la connaissance des faits à celle des lois qui les régissent. La possibilité de cette opération n'a été mise en doute par personne ; et, d'un autre côté, il semble étrange que quelques faits, observés dans un temps et dans un lieu déterminés, nous suffisent pour établir une loi applicable à tous les lieux et à tous les temps. L'expérience la mieux faite ne sert qu'à nous apprendre au juste comment les phénomènes se lient sous nos yeux : mais, qu'ils doivent se lier toujours et partout de la même manière, c'est ce qu'elle ne nous apprend point, et c'est cependant ce que nous n'hésitons pas à affirmer. Comment donc une telle affirmation est-elle possible et sur quel principe est-elle fondée ? Telle est la question, aussi difficile qu'importante, que nous allons essayer de résoudre.

La solution la plus naturelle en apparence consiste à prétendre que notre esprit passe des faits aux lois par un procédé logique, qui ne se confond pas avec la déduction, mais qui repose comme elle sur le principe d'identité. Sans doute, une loi n'est pas logiquement contenue dans une portion, petite ou grande, des faits qu'elle régit : mais il semble qu'elle soit au moins contenue dans l'ensemble de ces faits, et l'on peut même prétendre qu'elle ne diffère pas, en réalité, de cet ensemble, dont elle n'est que l'expression abrégée. S'il en était ainsi, l'induction pourrait être sujette à quelques difficultés pratiques, mais elle serait en théorie la chose la plus simple du monde : il suffirait, en effet, de former, à force de temps et de patience, la collection complète des faits de chaque espèce : ces collections une fois formées, chaque loi s'établirait d'elle-même par la substitution d'un seul terme à plusieurs et serait dès lors à l'abri de toute contestation.

Cette opinion paraît avoir été celle d'Aristote, si l'on en juge par le passage célèbre des *Analytiques* où il représente l'induction sous la forme d'un syllogisme. Le syllogisme ordinaire, ou du moins celui de la première figure, consiste, comme on sait, dans l'application d'une règle générale à un cas particulier : mais comment démontrer cette règle, lorsqu'elle n'est pas elle-même contenue dans une règle plus générale ?

C'est ici qu'intervient, suivant Aristote, le syllogisme inductif, dont il explique le mécanisme par un exemple. On se propose de démontrer que les animaux sans fiel vivent longtemps : on sait, ou l'on est censé savoir, que l'homme, le cheval et le mulet sont les seuls animaux sans fiel, et l'on sait en même temps que ces trois sortes d'animaux ont une longue vie. On peut dès lors raisonner de la manière suivante :

L'homme, le cheval et le mulet vivent longtemps;
Or tous les animaux sans fiel sont l'homme, le cheval et le mulet :
Donc tous les animaux sans fiel vivent longtemps.

Ce syllogisme est irréprochable et ne diffère pas quant à la forme des syllogismes ordinaires de la première figure : mais il en diffère quant à la matière, en ce que le moyen, au lieu d'être un terme général, est une collection de termes particuliers. Or c'est précisément cette différence qui exprime le caractère essentiel de la conclusion inductive : car cette conclusion consiste, à l'inverse de la conclusion déductive, à tirer de la collection complète des cas particuliers une règle générale qui n'en est que le résumé.

Quelle que soit la portée de ce passage, il est aisé de montrer que les lois ne sont pas pour nous le résultat logique de la simple énumération des faits. Non seulement, en effet, nous n'hésitons pas à étendre à l'avenir des lois qui représenteraient au plus, dans cette hypothèse, la totalité des faits passés : mais un seul fait bien observé nous paraît une base suffisante pour l'établissement d'une loi qui embrasse à la fois le passé et l'avenir. Il n'y a donc pas de conclusion proprement dite des faits aux lois, puisque l'étendue de la conclusion excéderait et, dans la plupart des cas, excéderait infiniment celle des prémisses. D'ailleurs, chaque fait, considéré en lui-même, est contingent, et une somme de faits, quelque grande qu'elle soit, présente toujours le même caractère : une loi est, au contraire, l'expression d'une nécessité, au moins présumée, c'est-à-dire qu'elle porte que tel phénomène doit absolument suivre ou accompagner tel autre, si toutefois nous n'avons pas pris une simple coïncidence pour une loi de la nature. Conclure des faits aux lois serait donc conclure, non seulement du particulier à l'universel, mais encore du contingent au nécessaire : il est donc impossible de considérer l'induction comme une opération logique.

Quant à l'autorité d'Aristote, elle est beaucoup moins décisive sur ce point qu'elle ne semble au premier abord. Il est évident, en effet, qu'Aristote n'a pas admis sérieusement que l'homme, le cheval et le mulet fussent les seuls animaux sans fiel, ni qu'il fût possible, en général, de dresser la liste complète des faits ou des individus d'une espèce déterminée : le syllogisme qu'il décrit suppose donc, dans sa pensée, une opération préparatoire, par laquelle nous décidons tacitement qu'un certain nombre de faits ou d'individus peuvent être considérés comme les représentants de l'espèce entière. Or il est visible, d'une part, que cette opération est l'induction elle-même et, de l'autre, qu'elle n'est point fondée sur le principe d'identité, puisqu'il est absolument contraire à ce principe de regarder *quelques* individus comme l'équivalent de *tous*. Dans le passage cité, Aristote garde le silence sur cette opération : mais il l'a décrite, dans la dernière page des *Analytiques*, avec une précision qui ne laisse rien à désirer. « Nous percevons, » dit-il, « les êtres individuels : mais l'objet propre de la perception est l'universel, l'être humain, et non l'homme qui s'appelle Callias. » Ainsi, de l'aveu même d'Aristote, nous ne concluons pas des individus à l'espèce, mais nous voyons l'espèce dans chaque individu ; la loi n'est pas pour nous le contenu logique du fait, mais le fait lui-même, saisi dans son essence et sous la forme de l'universalité. L'opinion d'Aristote sur le passage du fait à la loi, c'est-à-dire sur l'essence même de l'induction, est donc directement opposée à celle que l'on est tenté de lui attribuer.

Nous sommes ainsi obligés d'abandonner la solution proposée et de reconnaître que l'induction n'est point fondée sur le principe d'identité. Ce principe est, en effet, purement formel, c'est-à-dire qu'il nous

autorise bien à énoncer sous une forme ce que nous
avons déjà énoncé sous une autre, mais qu'il n'ajoute
rien au contenu de notre connaissance : nous avons
besoin, au contraire, d'un principe, en quelque sorte,
matériel, qui ajoute à la perception des faits le double
élément d'universalité et de nécessité qui nous a paru
caractériser la conception des lois. Déterminer ce
principe, tel doit être maintenant le but de nos recherches.

L'existence d'un principe spécial de l'induction n'a
pas échappé à l'école écossaise : mais cette école ne
paraît pas en avoir bien saisi le caractère et la valeur.
« Dans l'ordre de la nature, » dit Reid, « ce qui arri-
vera ressemblera probablement à ce qui est arrivé dans
des circonstances semblables. » Cet énoncé est inexact
et *probablement* est de trop : car il est parfaitement
certain qu'un phénomène qui s'est produit dans certaines conditions se produira encore lorsque toutes
ces conditions seront réunies de nouveau. Il est vrai
que le vulgaire se trompe presque toujours sur ces
conditions et que la science elle-même a beaucoup de
peine à les assigner exactement : de là vient que notre
attente est si souvent déçue et que nous ne connaissons peut-être aucune loi dans la nature qui ne souffre
quelque exception. En fait, l'induction est toujours
sujette à erreur : en droit, elle est absolument infail-
lible : car, s'il n'était pas certain que les conditions

qui déterminent aujourd'hui la production d'un phénomène la détermineront encore demain, les prévi-
sions fondées sur une connaissance imparfaite de ces
conditions ne seraient pas même probables. Royer-
Collard est plus heureux lorsqu'il fonde l'induction
sur deux jugements dont l'un énonce la stabilité et
l'autre, la généralité des lois qui gouvernent l'univers :
mais, à peine a-t-il posé ce double principe, qu'il le
compromet, ou plutôt le détruit par l'étrange commen-
taire qu'il y ajoute. Selon lui, en effet, ces deux jugements ne sont ni nécessaires ni évidents par eux-
mêmes : la stabilité et la généralité des lois de la
nature sont pour nous un fait, auquel nous croyons
parce qu'il est, et non parce qu'il serait absurde ou
impossible qu'il ne fût pas. Mais alors qui nous garantit l'existence de ce double fait ? Est-ce l'expérience
universelle ou serait-ce par hasard une induction
antérieure à celle qu'il s'agit d'expliquer ? Non, répond
Royer-Collard, c'est notre nature elle-même. Il est
difficile d'imaginer une confusion d'idées plus complète. Notre nature ne peut pas nous instruire à priori
d'un fait d'expérience : or, en dehors de l'expérience
et des faits, il n'y a pour nous que des vérités de raison, dont l'opposé est absolument impossible : un
jugement qui n'est pas empirique, sans être cependant nécessaire, est donc un véritable monstre, qui
n'a point de place dans l'intelligence humaine. Reid

1.

semble douter de son propre principe : Royer-Collard n'hésite pas à prononcer lui-même la condamnation du sien.

Un savant illustre a formulé de nos jours l'axiome fondamental de l'induction en disant que, chez les êtres vivants aussi bien que dans les corps bruts, les conditions d'existence de tout phénomène sont déterminées d'une manière absolue. Cette expression est aussi juste que précise et fait parfaitement comprendre comment notre esprit peut passer des faits aux lois : car, si chaque phénomène se produit dans des conditions absolument invariables, il est clair qu'il suffit de savoir ce que ces conditions sont dans un cas pour savoir par cela même ce qu'elles doivent être dans tous. Seulement il y a peut-être lieu de distinguer dans la nature deux sortes de lois : les unes s'appliquent à des faits très simples, comme celle qui porte que deux forces égales et opposées se font équilibre : les autres, au contraire, énoncent, entre les phénomènes, des rapports plus ou moins complexes, comme celle qui porte que dans les espèces vivantes le semblable engendre son semblable. Rien n'est moins simple, en effet, que la transmission de la vie, et il est certain que la formation d'un nouvel être exige le concours d'un nombre prodigieux d'actions physico-chimiques : il est certain également que ces actions ne s'exécutent pas toujours de la même manière, puis-

qu'il naît quelquefois des monstres. Or, si nous sa-
vions seulement à priori que les mêmes phénomènes
ont lieu dans les mêmes conditions, nous devrions
nous borner à affirmer que le produit de chaque génération ressemblera à ses auteurs *si* toutes les conditions requises sont réunies ; et, lorsque nous pronon-
çons, au contraire, en termes absolus, que le semblable engendre son semblable, nous supposons
évidemment, en vertu de quelque autre principe, *que*
toutes ces conditions sont en effet réunies, au moins
dans la plupart des cas. C'est ce second principe que
M. Claude Bernard a en quelque sorte personnifié,
dans la physiologie, sous le nom d'*idée directrice* ou
organique : mais il ne paraît pas moins indispensable
à la science des corps bruts qu'à celle des êtres organisés. Il n'y a pas, en effet, de loi chimique qui ne
suppose, entre les phénomènes sensibles dont elle
énonce le rapport, l'intervention de phénomènes insensibles, dont le mécanisme nous est entièrement inconnu ; et croire que ce mécanisme agira toujours de
manière à produire les mêmes résultats, c'est admettre,
dans la nature, l'existence d'un principe d'ordre, qui
veille, pour ainsi dire, au maintien des espèces chimiques aussi bien qu'à celui des espèces vivantes. La
conception des lois de la nature, à l'exception d'un
petit nombre de lois élémentaires, semble donc fondée
sur deux principes distincts : l'un en vertu duquel les

phénomènes forment des séries, dans lesquelles l'existence du précédent détermine celle du suivant ; l'autre en vertu duquel ces séries forment à leur tour des systèmes, dans lesquels l'idée du tout détermine l'existence des parties. Or un phénomène qui en détermine un autre en le précédant est ce qu'on a appelé de tout temps une cause efficiente et un tout qui produit l'existence de ses propres parties est, suivant Kant, la véritable définition de la cause finale : on pourrait donc dire en un mot que la possibilité de l'induction repose sur le double principe des causes efficientes et des causes finales.

Jusqu'ici nous nous sommes bornés à chercher le principe en vertu duquel nous passons de la connaissance des faits à celle des lois : maintenant que nous croyons l'avoir trouvé, il s'agit d'établir que ce principe n'est pas une illusion et peut nous conduire à une véritable connaissance de la nature : il faut, en un mot, qu'à la constatation du fait succède la démonstration du droit. Démontrer un principe est une entreprise qui peut, à la vérité, sembler téméraire et à laquelle la psychologie écossaise ne nous a guère accoutumés : on dit, non sans quelque apparence de raison, que les preuves ne peuvent pas aller à l'infini et qu'il faut bien en venir à un certain nombre de vérités absolument premières, qui sont le fond même de notre esprit et qui s'imposent à nous en vertu de leur propre évidence. Mais, sans parler de la difficulté que l'on a toujours éprouvée à déterminer le nombre des vérités premières, quel droit a-t-on d'affirmer qu'une proposition absolument dénuée de preuves est un principe, qui exprime la constitution de la pensée et des choses, et non un pur préjugé, résultat de l'éducation ou de l'habitude ? On allègue l'impossibilité où nous sommes de concevoir l'opposé de ces vérités : mais la question est toujours de savoir si cette impossibilité tient à la nature des choses ou à la disposition subjective de notre esprit ; et les sceptiques d'aujourd'hui répondent avec raison qu'il y a eu un temps où personne ne pouvait concevoir que la terre tourne autour du soleil. Sans doute, il est absurde de supposer que les principes puissent se résoudre dans d'autres propositions plus générales qui leur servent de preuve : car, ou cette résolution ira à l'infini, et la démonstration des principes ne sera jamais achevée, ou elle aboutira à un certain nombre de propositions indémontrables, qui seront alors les véritables principes. Mais il n'est pas nécessaire que toute démonstration procède du général au particulier : car, lors même qu'une connaissance est la plus générale de toutes, il reste toujours à expliquer comment cette connaissance se trouve dans notre esprit et à établir qu'elle représente fidèlement la nature des choses. Or il n'y a qu'un moyen de résoudre à la fois ces deux

questions : c'est d'admettre que notre esprit ne débute
pas par des généralités et des abstractions et de chercher, au contraire, l'origine de nos connaissances
dans un ou plusieurs actes concrets et singuliers, par
lesquels la pensée se constitue elle-même en saisissant
immédiatement la réalité. Ou notre science tout entière n'est qu'un rêve, ou les principes sur lesquels
elle est fondée sont à leur tour l'expression d'un fait,
qui est le fait même de l'existence de la pensée : c'est
donc dans ce fait, et non dans un axiome primitif,
que nous devons essayer de résoudre le principe sur
lequel repose l'induction.

Reste à savoir maintenant en quoi consiste cette
première démarche par laquelle la pensée entre en
commerce avec la réalité ; et nous ne pouvons, ce
semble, nous la représenter que de deux manières,
puisque la philosophie contemporaine n'admet que
deux définitions de la réalité elle-même. Ou, en effet,
la réalité consiste exclusivement dans les phénomènes, et toute connaissance est, en dernière analyse, une sensation : ou bien la réalité est, en quelque
sorte, partagée entre les phénomènes et certaines entités inaccessibles à nos sens, et, dans ce cas, la connaissance humaine doit débuter à la fois par l'intuition sensible des phénomènes et par une sorte d'intuition intellectuelle de ces entités. Nous partirons donc
tour à tour, pour démontrer le principe de l'induc-

tion, de l'expérience proprement dite et de l'intuition
des choses en soi ; et ce n'est que dans le cas où aucune de ces deux voies ne nous conduirait au but
que nous nous croirions autorisés à en tenter une
troisième.

II

Nous n'avons pas besoin d'essayer pour notre
compte une démonstration empirique du principe de
l'induction : cette démonstration a été donnée par
M. Stuart Mill dans son *Système de logique*, et, comme
il ne nous paraît pas possible de faire mieux dans le
même genre, nous nous [contenterons de l'examiner.
Il faut reconnaître d'avance que l'entreprise d'asseoir
sur l'expérience sensible une proposition qui prétend
au titre de principe n'offrait pas, malgré toute l'habi-
leté de M. Mill, de grandes chances de succès : mais
la démonstration, même insuffisante, d'un principe
vaut mieux, à tout prendre, et atteste un esprit plus
philosophique que l'absence de toute démonstration.

Au reste, il est aisé de deviner que le principe démontré par M. Mill n'est pas précisément celui que
nous avons formulé plus haut et ne présente exactement ni les mêmes éléments ni les mêmes caractères. A la rigueur, il ne devrait pas plus être question, dans la philosophie de l'expérience, de causes

efficientes que de causes finales : car, si nos sens ne nous apprennent pas qu'une série de phénomènes soit dirigée vers un but, ils ne nous apprennent pas davantage que chaque terme de cette série exerce sur le suivant une influence quelconque. Il n'y a donc rien d'étonnant à ce que M. Mill garde, sur la finalité que nous avons cru reconnaître dans les phénomènes, un silence absolu : mais en quel sens peut-il dire qu'un phénomène est cause de celui qui le suit et fonder l'induction sur ce qu'il appelle la loi de causalité universelle? Il y a ici un compromis assez singulier entre les exigences de son système et les tendances scientifiques de son esprit : car, d'un côté, il rejette comme une illusion toute idée de liaison nécessaire et, par conséquent, de causalité véritable ; et, de l'autre, il n'hésite pas à conserver le mot et, jusqu'à un certain point, la chose, en admettant, entre les phénomènes, un ordre de succession absolument invariable, qui constitue, en fait, le plus inflexible déterminisme. Il ne craint même pas d'étendre l'empire de ce déterminisme jusqu'aux volontés humaines : mais il assure en même temps qu'il ne fait par là aucun tort au libre arbitre, puisque les causes de nos actions se bornent à les précéder invariablement, sans exercer sur elles aucune influence réelle. Quant aux caractères du principe de l'induction, il n'y avait évidemment rien dans l'expérience qui pût lui apprendre que tout phé-

nomène *doit* avoir un antécédent invariable, et sa loi
de causalité universelle ne pouvait être que l'expression d'un fait : mais, fait ou loi, que faut-il penser de
l'universalité que M. Mill lui attribue ? Nous trouvons
ici un second compromis, beaucoup plus étrange que
le premier, entre les besoins de la science et la logique
de l'empirisme. La loi de causalité est valable, non
seulement pour notre système planétaire, mais pour
le groupe d'étoiles dont notre soleil fait partie ; elle
sera encore en vigueur, non seulement dans cent
mille ans, mais, selon toute apparence, dans cent mil-
lions d'années : mais, au delà de ces limites, il se
pourrait bien qu'elle eût le sort des lois particulières
auxquelles elle sert de base et que les phénomènes se
succédassent, comme le dit expressément M. Mill, au
hasard. Un ordre de succession, contingent et limité
aux phénomènes sur lesquels notre esprit peut raisonnablement s'exercer, voilà, en définitive, tout ce que
renferme le principe dont il nous reste à examiner la
démonstration.

Cette démonstration, en apparence du moins, est
fort simple. Nous ne connaissons immédiatement que
des faits, et le seul moyen que nous ayons pour dégager
de ces faits les vérités générales qu'ils peuvent contenir est l'induction : le principe de l'induction doit donc
être lui-même le résultat d'une induction, sans qu'il
y ait pourtant en cela de cercle à craindre. Il y a, en

effet, deux sortes d'induction : l'une est l'induction
scientifique, qui consiste à ériger en loi un seul fait
bien constaté et qui suppose évidemment que tout fait
est l'expression d'une loi ; l'autre est l'induction vulgaire, qui procède par simple énumération d'exemples,
qui ne suppose rien avant elle et qui, par conséquent,
peut fort bien servir de fondement au principe qui
sert à son tour à justifier la première. Il est vrai que
cette dernière forme d'induction est abandonnée,
depuis Bacon, comme un procédé sans valeur ; et il
est certain qu'elle ne mérite aucune confiance lorsqu'il
s'agit des lois particulières de la nature, parce qu'ici
l'énumération n'est jamais complète et que cent
exemples conformes n'excluent pas la possibilité de
cent exemples contraires. Mais il n'en est pas de même
lorsqu'il s'agit de la loi de causalité universelle :
comme il n'y a pas un seul cas auquel elle ne soit
applicable, il n'y a pas eu un seul fait, depuis que les
hommes observent la nature, qui ne fût appelé à la
confirmer ou à la démentir ; et, comme elle a été confirmée par tous sans être démentie par un seul, elle
repose sur une énumération complète et possède une
certitude irrécusable.

S'il n'y a pas de cercle dans cette démonstration, il
y a du moins une pétition de principe tellement manifeste qu'il faut y regarder à deux fois avant de l'attribuer à un esprit aussi pénétrant que M. Mill. L'énu-

mération des exemples, dit-on, n'est jamais complète
pour les lois particulières de la nature : l'est-elle davantage pour la loi de causalité universelle ? Peut-on
assurer d'abord que cette loi ne se soit jamais démentie, même dans les limites, déjà si étroites, de
l'expérience humaine ? Les hommes n'ont-ils pas cru
longtemps, suivant M. Mill lui-même, à une sorte de
règne partiel et intermittent du hasard ? Mais, dans
tous les cas, l'énumération dont on parle ne peut
porter que sur le passé : or il s'agit avant tout de savoir si la loi de causalité est valable pour l'avenir,
puisque cette loi doit servir de fondement à l'induction et que l'induction consiste pratiquement dans
une conclusion du passé à l'avenir. Nous constatons
aujourd'hui un rapport de succession entre deux phénomènes et nous voulons savoir si le même rapport
aura lieu demain : oui, nous dit-on, car les phénomènes ont observé jusqu'ici un ordre de succession
invariable. Mais d'où sait-on qu'ils l'observeront encore demain ? Et, si les lois particulières de la nature
ont besoin d'être garanties par la loi de causalité universelle, dans quelle loi supérieure ira-t-on chercher
la garantie de cette loi elle-même ?

Mais nous prenons mal la pensée de M. Mill: il
n'a pas pu croire que la conclusion du passé à l'avenir, illégitime et impossible par elle-même dans
chaque cas particulier, devînt possible et légitime

en vertu d'une règle générale, fondée elle-même sur une conclusion semblable. Il est persuadé, au contraire, que l'homme induit spontanément et sans le secours d'aucun principe : il déclare expressément que la loi de causalité universelle, loin de précéder dans notre esprit les lois particulières de la nature, les suit et les suppose ; et c'est à ces lois elles-mêmes qu'elle emprunte, suivant lui, l'autorité dont elle a besoin pour les garantir. Les inductions spontanées que suggérait aux premiers hommes la régularité des phénomènes les plus vulgaires ne leur inspiraient, en effet, qu'une confiance médiocre : ils croyaient, sans en être bien sûrs, que tout feu brûle et que toute eau désaltère : et, lorsqu'ils se sont avisés de réunir sous un titre commun toutes ces lois provisoires, ils ont cru, sans en être plus sûrs, que les phénomènes en général sont assujettis à des lois. Mais leur confiance s'est naturellement accrue à mesure que l'expérience confirmait le résultat de leurs premières inductions ; et chaque fait qui venait confirmer une loi particulière déposait par cela même en faveur de la loi de causalité, qui recueillait ainsi à elle seule autant de témoignages favorables que toutes les autres ensemble. Il n'y a donc rien d'étonnant à ce que cette loi ait fini par être investie d'une certitude absolue, tandis que les autres n'atteignaient par elles-mêmes qu'à un degré plus ou moins élevé de probabilité ; et il est tout simple également que cette certitude rejaillisse en quelque sorte sur chacune des lois particulières, dont la loi de causalité est à la fois le résumé et la sanction. Le principe de l'induction ne repose donc ni sur une stérile accumulation de faits passés ni sur un système de lois déjà capables de se suffire à elles-mêmes: il est le dernier mot d'une induction spontanée, dont les résultats, plus ou moins probables tant qu'ils demeurent isolés, deviennent certains en se concentrant·dans un seul : il est la clef de voûte qui couronne et soutient à la fois l'édifice de la science.

Ainsi entendue, la théorie de M. Mill ne contient ni cercle ni pétition de principe : mais elle se réduit à deux suppositions arbitraires, dont la seconde est, de plus, contradictoire. On ne voit pas d'abord comment le résultat de l'induction spontanée, probable, si l'on veut, en ce qui touche les lois particulières de la nature, peut devenir certain lorsqu'il s'agit de la loi de causalité universelle. Cette loi, dit-on, régit autant de phénomènes et, par suite, est aussi souvent confirmée par l'expérience que toutes les autres ensemble. Admettons que la probabilité de l'induction croisse en raison du succès : le nombre des épreuves favorables à la loi de causalité sera toujours fini et ne pourra, par conséquent, lui faire franchir la distance infinie qui sépare la probabilité

de la certitude. Dire que cette loi réussit dans tous.
les cas, c'est abuser d'une équivoque : car cette
expression ne peut évidemment s'entendre que du
passé, et, pour qu'elle signifiât tous les cas sans res-
triction, il faudrait qu'il ne restât plus de faits à
venir et, par conséquent, qu'il n'y eût plus d'inductions à faire. En second lieu, qu'est-ce que cette
induction spontanée, et quelle place occupe-t-elle
dans un système où l'expérience est présentée comme
la source unique de nos connaissances? Est-ce donc
une seule et même chose d'observer la production
d'un phénomène et de juger que le même phénomène se reproduira dans les mêmes circonstances?
Mais ce n'est pas tout : en supposant que, dès la
première observation (car la centième, sur ce point,
ne nous en apprend pas plus que la première), les
hommes aient été en droit de conclure du passé à
l'avenir, comment se fait-il que cette conclusion
n'ait été d'abord que probable? De deux choses
l'une, en effet : ou, au moment de cette première
observation, leur esprit ne contenait pas autre chose
que la perception d'un fait extérieur, et il n'y avait
rien dans cette perception qui pût leur suggérer la
plus légère anticipation sur l'avenir : ou, à cette perception, ils ajoutaient, en la tirant apparemment de
leur propre fonds, la conception d'une liaison durable
entre les phénomènes, et cette conception, comme

tout jugement à priori, avait une valeur absolue, que les résultats ultérieurs de l'expérience ne pouvaient pas plus accroître que diminuer.

Il reste bien un moyen d'échapper à tous ces inconvénients : mais, comme ce moyen n'est pas expressément indiqué dans l'ouvrage de M. Mill, nous ne pouvons que le proposer, sans savoir si l'illustre auteur consentirait à y souscrire. Supposons d'abord que l'induction spontanée ne soit pas un jugement porté par notre esprit sur la succession objective des phénomènes, mais une disposition subjective de notre imagination à les reproduire dans l'ordre où ils ont frappé nos sens : on peut accorder, sans franchir les bornes de l'empirisme, que cette disposition, d'abord purement virtuelle, se développe en nous sous l'influence de nos premières sensations ; et l'on conçoit en même temps que, faible à son début, elle soit incessamment fortifiée par l'ordre invariable dans lequel se succèdent, en fait, toutes ces sensations. Supposons, en second lieu, que la probabilité consiste pour nous dans une habitude puissante de l'imagination, et la certitude dans une habitude invincible : le passage de la probabilité à la certitude n'a plus, à son tour, rien d'inconcevable, pourvu que l'on n'attache pas au mot *invincible* un sens trop absolu et que l'on avoue que notre croyance à la causalité universelle, fondée sur un nombre immense

d'impressions conformes, pourrait être ébranlée
à la longue par le choc répété d'impressions contraires. La logique n'a donc, cette fois, rien à dire :
mais que devient la science, c'est-à-dire la connaissance objective de la nature ? M. Mill dira-t-il qu'il
n'admet pas la distinction vulgaire entre la nature et
notre esprit, c'est-à-dire entre le système de nos sensations et un système de choses en soi? Mais ce qui,
dans sa doctrine, tient la place de la nature, ce sont
nos sensations actuelles, et non les traces qu'elles
laissent après elles dans notre imagination : ce sont
ces sensations, et non leurs images, dont la science
doit constater la liaison et prévoir le retour. Or, de
ce que nous avons pris l'habitude d'associer dans
un certain ordre les images de nos sensations passées,
s'ensuit-il que nos sensations futures doivent se
succéder dans le même ordre? Cette nature intérieure, dont le cours ne se règle pas sur le jeu de
notre imagination, ne nous échappe-t-elle pas au
même titre que la nature extérieure à laquelle croit le
vulgaire? Et le résultat de cette théorie n'est-il pas
le pur scepticisme, qui détruit toute prévision rai-
sonnée et ne nous laisse qu'une prudence machi-
nale, semblable à celle des animaux?

Au reste, que M. Mill le veuille ou non, il est
certain que ce scepticisme est le fruit naturel et
toujours renaissant de l'empirisme. Si la nature

n'est pour nous qu'une série d'impressions sans
raison et sans lien, nous pouvons bien les constater,
ou plutôt les subir, au moment où elles se produisent :
mais nous ne pouvons ni en prédire, ni même en
concevoir la production future. Ce que l'empirisme
appelle notre pensée, par opposition à la nature,
n'est qu'un ensemble d'impressions affaiblies qui
se survivent à elles-mêmes : et, chercher le secret de
l'avenir dans ce qui n'est que la vaine image du
passé, c'est entreprendre de deviner en rêve ce qui
doit nous arriver pendant la veille. Nous voulons
asseoir l'induction sur une base solide : ne la cherchons pas plus longtemps dans une philosophie qui
est la négation de la science.

III

Il est étrange que l'école de M. Cousin ait, en
général, considéré le principe de l'induction comme
primitif et irréductible : car la doctrine de cette
école sur les substances et les causes lui offrait,
ce semble, un moyen facile d'en rendre compte. Si,
en effet, les phénomènes sont soutenus et produits
par des entités soustraites aux vicissitudes de l'existence sensible, quoi de plus naturel que de chercher
dans l'action uniforme de ces entités la raison de la
succession constante des phénomènes ? Et quoi de

plus satisfaisant que de rattacher le principe qui sert de base à la science à celui que l'on regarde comme la base de la métaphysique et la loi suprême de la pensée ?

On formule ordinairement, dans cette école, le principe de l'induction en disant qu'il y a de l'ordre dans la nature : mais on ne donne peut-être pas toujours de cet ordre une idée suffisamment précise. Veut-on dire, en effet, que les phénomènes élémentaires qui composent la trame cachée des choses s'enchaînent en vertu d'un mécanisme inflexible, que ce mécanisme doive maintenir ou renverser l'ordre extérieur et apparent de la nature ? Veut-on dire, au contraire, que la nature est engagée à maintenir l'harmonie des êtres, la distinction des espèces, l'organisation, la vie, quelques moyens, du reste, qu'elle doive prendre pour y parvenir ? L'ordre, en un mot, est-il dans les moyens ou dans les résultats ? Cette question ne sera plus douteuse si l'on consent à rattacher l'idée de cet ordre à la doctrine des substances et des causes. On croit, en effet, généralement que le nombre de ces entités est égal à celui de ces groupes constants de phénomènes que nous appelons des êtres ; et leur présence paraît surtout indispensable dans les êtres organisés, pour lesquels elles sont un principe tout à la fois d'unité et d'action. Leur fonction n'est donc pas d'enchaîner chaque phénomène à un précédent par le lien d'une nécessité aveugle, mais plutôt de coordonner plusieurs séries de phénomènes suivant une loi de convenance et d'harmonie : si ce ne sont pas des causes finales, au sens d'Aristote et de Kant, ce sont du moins des causes qui agissent pour des fins. La conception de l'ordre universel est donc, dans cette doctrine, exclusivement téléologique. Or, s'il importe avant tout aux hommes de pouvoir compter sur la régularité des phénomènes plus ou moins complexes auxquels leur conservation est attachée, l'objet propre de la science, celui qu'elle poursuit aujourd'hui avec plus d'ardeur que jamais, est, au contraire, de déterminer les conditions élémentaires de ces phénomènes : elle a donc besoin d'un principe qui lui garantisse le rapport des causes aux effets plutôt que celui des moyens aux fins, d'un principe de nécessité plutôt que d'harmonie. Si chaque être sensible est l'ouvrage d'une chose en soi qui emploie sa sagesse à le conserver, il suffit de constater, par une observation superficielle, les résultats ordinaires de ce travail occulte : mais il est absurde de poursuivre d'expériences en expériences un mécanisme de phénomènes qui ne serait propre qu'à l'entraver et dans lequel s'évanouirait jusqu'à la distinction des êtres individuels. Le principe de l'ordre universel, ainsi entendu, est donc la condamnation formelle de la science proprement dite.

Quelle que soit l'insuffisance de ce principe, il est intéressant d'examiner si la métaphysique de l'école qui l'a adopté lui offre, du moins, un fondement solide. La difficulté ne consiste pas à déduire la notion de l'ordre universel de celle des choses en soi : car, bien que cette dernière notion soit assez vague, tout ce que l'on croit savoir du mode d'existence et d'action de ces choses est tellement propre à expliquer le maintien d'un ordre extérieur dans la nature que l'on est tenté d'y voir une hypothèse ingénieuse plutôt qu'un principe certain par lui-même. Mais on ne l'entend pas ainsi, et l'on considère l'existence des choses en soi comme la pierre angulaire, et presque comme l'édifice entier de la métaphysique : voyons donc comment on la prouve et si elle peut même être prouvée.

Le procédé le plus simple, sinon le plus sûr, consiste à invoquer en faveur de cette existence le témoignage du sens commun. Peut-on concevoir, dit-on quelquefois, une propriété qui ne réside pas dans une substance, un événement qui ne soit pas déterminé par une cause ? Non certes : mais il s'agit de savoir ce que le sens commun entend précisément par une cause et par une substance. Tout le monde croit qu'une odeur provient d'un corps odorant et qu'une saveur appartient à un corps sapide : mais on étonnerait profondément un homme étranger aux

spéculations philosophiques en lui assurant que ce
corps qui frappe ses regards et qui résiste à son
effort n'est lui-même qu'une modification superficielle d'une entité qu'on ne peut ni voir ni toucher. *Substance*, pour le vulgaire comme pour les
savants, est synonyme de *matière ;* et la croyance
que toute réalité est matérielle est si profondément
enracinée chez la plupart des hommes qu'il n'y a
guère que des raisons morales ou religieuses qui
puissent les décider à faire une exception en faveur
de l'âme humaine. Quant au mot *cause*, il signifie
pour eux un phénomène qui en détermine un autre :
ils ne sont pas, en effet, de l'avis de M. Mill, qui
n'admet, entre deux phénomènes, qu'un rapport de
succession sans aucune influence réelle : mais ils
sont encore plus éloignés de croire que les phénomènes apparaissent ou disparaissent au gré d'êtres
mystérieux, armés d'une sorte de baguette magique.
Les exemples même dont on se sert se retournent
contre cette doctrine : car, lorsqu'un homme a été
assassiné, la justice cherche la cause immédiate de
cet événement dans le mouvement d'une arme pous-
sée par un bras et ne s'égare pas à la poursuite
d'une entité qu'elle aurait trop peu de chances d'atteindre. Si l'on osait faire parler au sens commun
la langue de Kant, on pourrait dire qu'il croit fer-
mement aux *substances* et aux *causes phénomènes*,

2.

mais qu'il n'a pas le moindre soupçon des *noumènes*.

Si l'on renonce à consulter le sens commun sur une question qui lui est, après tout, étrangère, il ne reste, ce semble, qu'à soutenir que nous connaissons les substances et les causes par une intuition immédiate, analogue à celle des sens : car, dire que l'on sait qu'il y en a parce qu'on le sait et sans expliquer comment, c'est avouer que l'on n'en sait rien et que l'on n'a rien à dire. Si nous n'avons aucune intuition de ces entités, nous n'en n'avons aucune idée, et le mot qui les désigne n'a aucun sens : l'affirmation même de leur existence est sans fondement, et la nécessité que l'on allègue ne peut avoir qu'un caractère subjectif et illusoire. Il faut laisser à l'école écossaise ces vérités en l'air, qui s'imposent à l'esprit en vertu d'une prétendue évidence ; et c'est peut-être parce que la doctrine des substances et des causes a conservé trop longtemps chez nous cette forme abstraite que l'on a jugé inutile de résoudre le principe de l'ordre universel dans un principe qui n'avait pas lui-même une assiette plus solide. D'un autre côté, il faut avouer que l'intuition, à laquelle on a eu également recours, ne nous a pas fourni jusqu'ici de notions bien précises sur la nature de ces entités et sur la manière dont elles opèrent. Tout ce qu'on sait sur sur ce dernier point, c'est qu'elles se développent ou se manifestent, ce qui veut dire simplement qu'elles contiennent la raison des apparences sensibles : et, quant au premier, non seulement leur essence est encore inconnue, mais leur nombre même est si mal déterminé que l'on emploie assez souvent les mots *substance* et *cause* au singulier : comme si un phénomène pouvait être produit par l'idée générale de *la cause*, ou comme si tous les phénomènes étaient l'effet immédiat d'une Cause unique et infinie. Mais, si l'intuition ne nous instruit guère sur la substance et la cause d'un phénomène donné, elle est encore moins propre à nous apprendre que *tout* phénomène *doit* avoir une substance et une cause : car elle ne peut se rapporter qu'à un objet déterminé, et l'intuition d'un principe, en dehors de toute application actuelle, est une contradiction dans les termes. L'existence d'une chose en soi au delà d'un phénomène ne serait pour nous, s'il nous était donné de l'apercevoir, qu'un fait particulier et contingent : et, quand toutes ces choses apparaîtraient successivement ou à la fois aux yeux de notre esprit, cette expérience d'un nouveau genre ne nous révélerait qu'un fait universel, et non une vérité nécessaire. C'est donc en vain que l'on essaie de fonder la métaphysique sur ce qu'on appelle le *principe de substance* et le *principe de cause :* car, si la connaissance des choses en soi est intuitive, elle ne peut revêtir la forme d'un principe, et, si elle ne l'est pas, elle ne peut prétendre à aucune valeur objective.

L'influence tardive de Maine de Biran a fait naître dans l'école de M. Cousin une théorie moyenne, également éloignée, on le croit du moins, d'un dogmatisme abstrait et de ce qu'on pourrait appeler l'empirisme de la raison pure. Suivant cette théorie, et contrairement à la doctrine primitive de l'école, nous saisissons immédiatement, non par la raison, mais par la conscience, une substance et une cause qui est nous-mêmes ; et l'office de la raison se borne à donner à cette connaissance primitive une forme universelle et nécessaire, en nous révélant que les phénomènes qui nous sont étrangers n'ont pas moins besoin de substance et de cause que ceux dont nous sommes le sujet. Mais, que l'opération de la raison soit primitive ou secondaire, il importe également de prouver que cette opération est légitime ; et, si l'on demande de quel droit nous étendons à tous les phénomènes les conditions d'existence de quelques-uns, il faudra toujours en revenir à l'idée, soit d'une science sans origine assignable, soit d'une intuition semblable à celle que l'on regarde comme le privilège exclusif de la conscience. D'un autre côté, on peut élever quelques doutes sur la réalité, ou du moins sur l'étendue de ce privilège ; et, sans contester le caractère original de la notion du *moi*, il est permis de se demander si la conscience nous met en présence d'une substance et d'une cause dans le sens

où l'on prend ces mots, c'est-à-dire d'une chose en
soi, distincte des phénomènes internes. On ne paraît
pas, du reste, en être bien convaincu, puisque l'on
continue à établir la spiritualité et l'immortalité de
l'âme par des arguments que cette hypothèse, si elle
était vérifiée, rendrait absolument inutiles : et, s'il
est incontestable que le *moi* concentre dans son unité
et enchaîne dans son identité toute diversité soumise
à la conscience, peut-être est-il juste de ne voir dans
cette unité et cette identité que les conditions for-
melles de la conscience elle-même, et non les attri-
buts d'une substance chargée d'en expliquer l'appa-
rition et d'en garantir la durée. Il n'est pas douteux
non plus que nos actes procèdent librement et immédiatement de notre faculté de vouloir : et, d'un autre
côté, si, comme l'ont cru Leibniz et Kant, la succession de nos états internes n'est pas soumise à des lois
moins rigoureuses que celle des phénomènes physiques, il faut bien avouer que nous ne trouvons pas
plus au dedans de nous qu'au dehors la trace de
cette initiative absolue qui semble devoir caractériser
l'action d'une cause supra-sensible. Mais admettons
que nous ayons conscience d'une telle initiative : est-
ce sur ce modèle qu'il faudra concevoir les causes
distinctes de nous, et pouvons-nous confier le soin
de maintenir l'ordre dans la nature à des entités
douées d'une liberté d'indifférence ?

Une dernière et profonde modification de la doctrine des substances et des causes consiste à remplacer ces deux mots par celui de *force* et à dire que nous percevons immédiatement, par une sorte de sens spécial, le conflit de notre force avec les forces étrangères. Le fait que l'on constate est certain, mais il est certain aussi que l'on se contente de constater un fait et que l'on renonce à démontrer un principe : car le sens dont on parle nous apprend bien que notre mouvement est produit par une force et nous fait même reconnaître indirectement l'action d'une autre force dans la résistance qu'il rencontre : mais ce sens est évidemment impuissant à nous apprendre que tous les mouvements qui s'exécutent dans l'univers sont produits ou arrêtés par des forces semblables. De plus, lorsqu'on parle des forces comme de choses en soi, on se figure sous ce nom je ne sais quels êtres spirituels dont chacun est chargé d'imprimer le mouvement, soit à un corps vivant, soit à une masse de matière inorganique : or c'est là une supposition qui n'est pas seulement gratuite, mais qui est absolument démentie par l'expérience. On peut bien dire qu'un astre en mouvement est animé d'une seule force, mais il est absurde de se représenter cette force comme un être simple et indivisible : car, si cet astre vient à se briser en plusieurs fragments qui continuent à marcher chacun de son côté, on est bien obligé de reconnaître que la force totale qui l'animait s'est décomposée en autant de forces partielles qu'il y a de fragments à mouvoir. Nous savons que notre énergie musculaire peut, sous l'influence de notre volonté, se concentrer dans un seul effort, mais nous ne savons pas si elle procède d'un seul foyer, ou plutôt nous savons certainement le contraire : car, pendant qu'une partie de cette énergie reste soumise à notre direction, une autre peut déterminer dans quelques-uns de nos membres des mouvements convulsifs, qui ne diffèrent pas en eux-mêmes des mouvements volontaires. Ainsi, non seulement rien ne nous autorise à affirmer que l'univers soit un système de forces, mais l'existence de notre propre force, dans le sens où l'on prend ce mot, est une fiction insoutenable : la force n'est pas plus une chose en soi que l'étendue, dont elle est, du reste, inséparable, et la sensation particulière qui nous en atteste la présence ne nous fait pas faire un seul pas hors de la sphère des phénomènes. Seulement, lorsqu'on se borne à dire que les phénomènes reposent sur un *substratum* inaccessible aux sens, si l'on ne nous donne pas une idée précise de ce *substratum*, on nous laisse libres, du moins, de le concevoir à notre guise, ou plutôt on nous détermine presque irrésistiblement à en chercher le type dans notre propre pensée : lorsqu'on croit, au contraire, saisir immédiatement ce *substratum* dans chaque effort volontaire, on déclare sans détour que la tendance au mouvement ne procède que d'elle-même : les chimériques entités dans lesquelles on essaie de le réaliser ne tardent pas à s'évanouir, et l'on nous laisse, en définitive, en présence d'un pur phénomène, chargé de s'expliquer lui-même et d'expliquer tous les autres. Une métaphysique qui cherche son point d'appui dans l'expérience est bien près d'abdiquer entre les mains de la physique.

La doctrine des substances et des causes et celle qui ne reconnaît rien au delà des phénomènes échouent donc également devant le problème de l'induction, mais pour des raisons différentes. L'empirisme s'efforce vainement d'asseoir un principe sur le terrain solide, mais trop étroit, des phénomènes : la doctrine opposée, pour donner à ce principe une base plus large, bâtit dans le vide et ne réussit qu'à constater un besoin de l'esprit en croyant le satisfaire. Les substances et les causes ne sont qu'un *desideratum* de la science de la nature, un nom donné aux raisons inconnues qui maintiennent l'ordre dans l'univers, l'énoncé d'un problème transformé en solution par un artifice de langage. Des deux voies que nous avons suivies jusqu'ici et entre lesquelles notre choix semblait renfermé, aucune ne nous a donc conduits au but : en existe-t-il une troisième et où la trouverons-nous ?

IV

Quelque embarrassante que cette question paraisse au premier abord, notre hésitation ne peut pas être longue, car nous n'avons absolument qu'un parti à prendre. En dehors des phénomènes et à défaut d'entités distinctes à la fois des phénomènes et de la pensée, il ne reste que la pensée elle-même : c'est donc dans la pensée et dans son rapport avec les phénomènes que nous devons maintenant chercher le fondement de l'induction. Mais, avant de tenter une solution de ce genre, essayons d'en donner une idée précise et de dissiper les préventions qu'elle pourrait soulever.

Il n'y a que trois manières possibles de rendre compte des principes, parce qu'il n'y a aussi que trois manières de concevoir la réalité et l'acte par lequel notre esprit entre en commerce avec elle. On peut d'abord admettre, avec Hume et M. Mill, que toute réalité est un phénomène et que toute connaissance est, en dernière analyse, une sensation : les principes, si toutefois il peut en être question dans cette hypothèse, ne seront alors que les résultats les plus généraux de l'expérience universelle. On peut encore supposer, avec l'école écossaise et celle de M. Cousin, que les phénomènes ne sont que la mani-

festation d'un monde d'entités inaccessibles à nos
sens ; et, dans ce cas, la principale source de nos connaissances doit être une sorte d'intuition intellectuelle, qui nous découvre à la fois la nature de
ces entités et l'action qu'elles exercent sur le
monde sensible. Mais il y a une troisième hypothèse,
que Kant a introduite dans la philosophie et qui mérite tout au moins d'être prise en considération : elle
consiste à prétendre que, quel que puisse être le fondement mystérieux sur lequel reposent les phénomènes, l'ordre dans lequel ils se succèdent est déterminé exclusivement par les exigences de notre propre
pensée. La plus élevée de nos connaissances n'est,
dans cette hypothèse, ni une sensation ni une intuition intellectuelle, mais une réflexion, par laquelle la
pensée saisit immédiatement sa propre nature et le
rapport qu'elle soutient avec les phénomènes : c'est
de ce rapport que nous pouvons déduire les lois
qu'elle leur impose et qui ne sont autre chose que les
principes.

On dira peut-être que cette hypothèse est absurde
et se détruit elle-même, puisque chaque phénomène
ne peut pas obéir à autant de lois différentes qu'il y a
d'esprits : mais il est aisé de répondre que nous ne
considérons ici dans les esprits que la faculté de penser, qui est, de l'aveu de tout le monde, identique chez
tous. Lorsqu'on suppose, en effet, que les principes

existent en eux-mêmes et en dehors de tout esprit, on suppose en même temps que tous les esprits, ou du moins tous ceux qui habitent le même monde que nous, sont également capables de les connaître : ce n'est donc pas faire tort à leur universalité que d'en chercher le fondement dans la faculté même par laquelle on les connaît. Mais comment nier, dira-t-on encore, que l'existence des principes soit indépendante de notre connaissance, ou comment concevoir que la pensée puisse modifier, dans quelque mesure que ce soit, la nature de ses objets ? Sans doute, il n'y a rien d'impossible à ce qu'un principe ou une chose en général existe en dehors de tout commerce avec notre esprit : mais on nous accordera du moins qu'il nous est impossible d'en rien savoir, puisqu'une chose ne commence à exister pour nous qu'au moment où notre esprit entre en commerce avec elle. Nous accordons volontiers, de notre côté, que l'existence des principes est indépendante de notre connaissance actuelle et qu'ils ne cessent pas d'être vrais lorsque nous cessons de les affirmer intérieurement : mais il suffit pour cela qu'il y ait une raison qui nous détermine à les affirmer chaque fois que nous y penserons, que cette raison se trouve dans notre propre faculté de connaître ou dans des choses extérieures à notre esprit. Enfin nous ne prétendons pas que la pensée puisse modifier après coup, par une

intervention arbitraire, la nature de ses objets : nous
soutenons seulement que, par cela seul que ces objets
existent pour nous, ils doivent posséder une nature qui
rende possible l'exercice de la pensée. Reste à savoir,
il est vrai, si la pensée est une capacité vide, qui peut
être remplie indifféremment par toutes sortes d'objets,
ou si la connaissance que nous avons des phénomènes suppose de leur part une ou plusieurs conditions déterminées : mais on ne peut nier, du moins,
que, dans ce dernier cas, ces conditions doivent constituer, pour tous les phénomènes auxquels nous avons
affaire, les plus inflexibles des lois.

Mais l'hypothèse que nous proposons n'est pas seulement admissible en elle-même : elle est encore la
seule admissible, parce qu'elle est la seule qui nous
permette de comprendre comment nous pouvons connaître à priori les conditions objectives de l'existence
des phénomènes. On peut bien, en effet, parler de
connaissances innées, qui se présentent à notre esprit sous une forme universelle et nécessaire : mais
on ne peut pas prouver que ces connaissances se rapportent à des objets et qu'elles sont de véritables connaissances et non de vains rêves. Dire qu'il existe
une sorte d'harmonie préétablie entre les lois de la
pensée et celles de la réalité, c'est résoudre la question par la question elle-même : comment, en effet,
pouvons-nous savoir que nos connaissances s'accor-

dent naturellement avec leurs objets, si nous ne connaissons déjà la nature de ces objets en même temps que celle de notre esprit ? Il faut donc recourir à l'intuition directe de la réalité, dont personne, du moins, ne contestera la valeur objective : mais, que cette intuition porte sur de simples phénomènes ou sur des choses en soi, il est également certain qu'elle ne peut servir de fondement à des principes, c'est-à-dire à des connaissances universelles et nécessaires. Des choses en soi qui deviendraient pour nous un objet d'intuition ne seraient plus, en effet, que le phénomène d'elles-mêmes : nous pourrions bien dire ce qu'elles sont au moment où elles nous apparaissent, mais il ne pourrait plus être question de ce qu'elles sont partout et toujours, ni surtout de ce qu'elles ne peuvent pas ne pas être. Mais, si les conditions de l'existence des phénomènes sont les conditions mêmes de la possibilité de la pensée, nous sortons aisément de cette embarrassante alternative : car, d'une part, nous pouvons déterminer ces conditions absolument à priori, puisqu'elles résultent de la nature même de notre esprit ; et nous ne pouvons pas douter, d'autre part, qu'elles ne s'appliquent aux objets de l'expérience, puisqu'en dehors de ces conditions, il n'y a pour nous ni expérience ni objets.

Maintenant comment cette hypothèse, s'il faut encore la nommer ainsi, nous permet-elle de rendre compte,

en particulier, du principe de l'induction ? Nous avons
cru devoir résoudre ce principe en deux lois distinctes : l'une suivant laquelle tout phénomène est
contenu dans une série, où l'existence de chaque
terme détermine celle du suivant ; l'autre suivant laquelle tout phénomène est compris dans un système,
où l'idée du tout détermine l'existence des parties. Ce
sont ces deux lois qu'il s'agit d'établir, en montrant
que, si elles n'existaient pas, la pensée humaine ne serait pas possible : commençons par la première.

La première condition de la possibilité de la pensée
est évidemment l'existence d'un sujet qui se distingue
de chacune de nos sensations : car, si ces sensations
existaient seules, elles se confondraient entièrement
avec les phénomènes, de sorte qu'il ne resterait rien
que nous pussions appeler nous-mêmes ou notre pensée. La seconde est l'unité de ce sujet dans la diversité de nos sensations, tant simultanées que successives : car une pensée qui naîtrait et périrait avec
chaque phénomène ne serait pour nous qu'un phénomène de plus, et nous aurions besoin d'un nouveau
sujet pour ramener toutes ces pensées éparses et éphé-
mères à l'unité de la pensée véritable. Maintenant
comment ces deux conditions peuvent-elles être rem-
plies, ou comment faut-il nous représenter l'unité du
sujet pensant et le rapport qu'il soutient avec la diversité de ses objets ? Dirons-nous que ce sujet est

une substance, dont les phénomènes, ou du moins les
sensations qui nous les représentent, sont les modifications ? Non, puisque, d'après l'idée que l'on se fait
généralement des substances, elles ne se manifestent
que par leurs modifications et ne peuvent, par conséquent, s'en distinguer comme un sujet d'un objet. Dirons-nous que nous sommes à nos propres yeux un
phénomène, ou plutôt un acte durable, celui de l'effort volontaire, qui s'oppose à la fois par sa durée et
par son caractère actif aux modes passifs et passagers
de notre sensibilité ? Non, car cet effort, qui se renou-
velle à chaque réveil, ou plutôt à chaque instant, et
qui n'est peut-être qu'un faisceau d'actions exercées
séparément par chacune de nos fibres musculaires, ne
présente pas le caractère d'unité absolue qui nous a
paru indispensable au sujet de la connaissance. Cher-
cherons-nous enfin l'unité de ce sujet dans celle d'une
pensée repliée sur elle-même, qui se contemple elle-
même en dehors du temps et de toute modification
sensible ? Cette hypothèse satisfait peut-être mieux
que les précédentes aux deux conditions énoncées
plus haut : mais elle nous paraît encore plus éloignée de satisfaire à une troisième condition, qui est
cependant inséparable des deux autres. Nous avons
établi, en effet, que des sensations sans sujet et sans
lien ne pouvaient constituer par elles-mêmes aucune
connaissance : mais il est évident que la connaissance

ne consiste pas davantage dans l'action solitaire d'un
sujet renfermé en lui-même et extérieur en quelque
sorte à ses propres sensations. Il ne suffit pas
d'expliquer d'une manière plus ou moins plausible
comment nous pouvons avoir conscience de notre
propre unité : il faut montrer en même temps comment cette unité se déploie, sans se diviser, dans la
diversité de nos sensations et constitue ainsi une
pensée qui n'est pas seulement la pensée d'elle-
même, mais encore celle de l'univers. Or c'est ce
qui est évidemment impossible si le sujet pensant
est donné à lui-même par un acte spécial et indépendant de toute sensation : car, non seulement cet
acte simple et durable ne peut avoir par lui-même
rien de commun avec les actes multiples et successifs
qui se rapportent aux phénomènes, mais nous n'avons
aucune raison de croire que deux fonctions aussi
étrangères l'une à l'autre soient exercées par le même
esprit. La pensée se trouve donc placée en face de sa
propre existence comme d'une énigme insoluble : car
elle ne peut exister que si nos sensations s'unissent
dans un sujet distinct d'elles-mêmes, et un sujet qui
s'en distingue semble par cela même incapable de les
unir.

Il y a cependant un moyen d'échapper à cette difficulté, et il ne peut y en avoir qu'un seul : c'est d'admettre que l'unité qui nous constitue à nos propres

yeux n'est pas celle d'un acte, mais celle d'une forme, et qu'au lieu d'établir entre nos sensations un lien extérieur et factice, elle résulte d'une sorte d'affinité et de cohésion naturelle de ces sensations elles-mêmes. Or les rapports naturels de nos sensations entre elles ne peuvent être que ceux des phénomènes auxquels elles correspondent : la question de savoir comment toutes nos sensations s'unissent dans une seule pensée est donc précisément la même que celle de savoir comment tous les phénomènes composent un seul univers. Il est vrai que cette dernière unité est plus facile à admettre qu'à comprendre : comment, en effet, plusieurs choses, dont l'une n'est pas l'autre et dont l'une succède à l'autre, peuvent-elles cependant n'en former qu'une seule ? Pourquoi une infinité de phénomènes, dont chacun occupe dans l'espace et dans le temps une place distincte, sont-ils à nos yeux les éléments d'un seul monde, et non autant de mondes étrangers les uns aux autres ? Est-ce parce que ces places, quelque distinctes qu'elles soient entre elles, appartiennent toutes à un seul temps et à un seul es- pace ? Mais qui nous empêche de dire que l'espace finit et recommence avec chacun des corps, ou plutôt des atomes qui l'occupent et que le temps meurt et renaît à chaque vicissitude des mouvements qu'il mesure ? L'espace et le temps, malgré la parfaite simi- larité de leurs parties, ne sont point en eux-mêmes une

3.

unité, mais, au contraire, une diversité absolue ; et
l'unité que nous leur attribuons, loin de servir de
fondement à celle de l'univers, ne peut reposer elle-
même que sur la liaison interne des phénomènes qui
les remplissent. La question se réduit donc à savoir
en quoi consiste cette liaison ; et nous ne pouvons,
ce semble, nous représenter sous ce titre qu'un ordre
de succession et de concomitance, en vertu duquel
la place de chaque phénomène dans le temps et dans
l'espace peut être assignée par rapport à celle de tous
les autres. Toutefois l'unité qui résulte d'un tel ordre
n'est encore qu'une unité de fait, dont rien ne nous
garantit le maintien ; et l'on ne peut pas même dire
que de simples rapports de temps et de lieu établissent
entre les phénomènes une unité véritable, tant que
ces rapports peuvent varier à chaque instant et que
l'existence de chaque phénomène reste, non seulement
distincte, mais encore indépendante de celle des
autres. Ce n'est donc pas dans une liaison contingente, mais dans un enchaînement nécessaire, que
nous pourrons trouver enfin l'unité que nous cherchons : car, si l'existence d'un phénomène n'est pas
seulement le signe constant, mais encore la raison déterminante de celle d'un autre, ces deux existences
ne sont plus alors que deux moments distincts d'une
seule, qui se continue en se transformant du premier
phénomène au second. C'est parce que tous les phé-

nomènes simultanés sont, comme dit Kant, dans une action réciproque universelle, qu'ils constituent un seul état de choses et qu'ils sont de notre part l'objet d'une seule pensée ; et c'est parce que chacun de ces états n'est en quelque sorte qu'une nouvelle forme du précédent, que nous pouvons les considérer comme les époques successives d'une seule histoire, qui est à la fois celle de la pensée et celle de l'univers. Tous les phénomènes sont donc soumis à la loi des causes efficientes, parce que cette loi est le seul fondement que nous puissions assigner à l'unité de l'univers et que cette unité est à son tour la condition suprême de la possibilité de la pensée.

Mais la loi des causes efficientes ne rend pas seulement possible notre connaissance des phénomènes : elle est encore la seule explication que nous puissions donner de leur existence objective, et cette existence nous en fournit, par conséquent, une nouvelle démonstration.

Nous ne pouvons pas douter sérieusement que les choses sensibles existent en elles-mêmes et continuent à exister après que nous avons cessé de les sentir ; et, d'un autre côté, nous ne comprenons pas ce que peut être une couleur sans un œil qui la voie, un son sans une oreille qui l'entende et, en général, un phénomène sensible en dehors de toute modification de notre sensibilité. On a cru assurer l'existence du monde maté-

riel en la concentrant, en quelque sorte, tout entière
dans le phénomène de la résistance : mais ce phénomène est tout aussi relatif à ce qu'on a justement
appelé le sens de l'effort que les autres qualités sensibles à nos autres sens; et, s'il a le privilège de nous
faire connaître la distinction de notre corps propre et
des corps étrangers, il n'a certainement pas celui de
se survivre à lui-même, ou de nous garantir que ces
corps et le nôtre continuent à exister lorsque nous
cessons d'avoir conscience de leur contact. On peut
dire, au risque de ne pas s'entendre soi-même, que
l'existence n'appartient pas précisément aux phénomènes, mais à des substances dans lesquelles ils résident : mais, ou bien on accorde aux sceptiques que
les phénomènes s'évanouissent avec nos sensations,
et, dans ce cas, il est inutile de conserver à leur place
de prétendues entités, qui sont pour nous comme si
elles n'étaient pas ; ou bien on soutient, avec le vulgaire, que le soleil visible ne perd rien de son éclat
en quittant notre horizon, et il est alors fort indiffé-
rent que son disque subsiste par lui-même ou repose
sur une entité inaccessible à nos regards. Peut-être
que, par la substance du soleil, on n'entend pas une
entité distincte du soleil visible, mais l'existence
durable que l'on attribue à ce soleil lui-même et
que l'on veut distinguer de l'impression passagère
qu'il produit sur nos sens : mais on se retrouve alors

en présence de la difficulté même qu'il s'agissait de résoudre, et qui consiste à comprendre comment un pur phénomène peut exister en lui-même et indépendamment de toute sensation. Au reste, on trouverait, en y regardant de près, qu'une telle existence n'est sérieusement admise par personne : car, lorsque nous parlons d'un phénomène qui se produit en l'absence de tout être sensible, ou nous le dépouillons de la forme sous laquelle il s'offre ordinairement à nos regards, ou nous en devenons nous-mêmes, en dépit de notre propre supposition, les spectateurs imaginaires. On pourrait donc, ce semble, se borner à reconnaître que les phénomènes ou, ce qui revient au même pour nous, nos propres sensations, possèdent, en dehors de leur existence actuelle, une sorte d'existence virtuelle, c'est-à-dire que, lors même que nous ne les éprouvons pas, nous pourrions les éprouver si nous étions placés dans des conditions convenables de lieu et de temps. On pourrait même supposer, avec Leibniz, qu'aucun phénomène n'est jamais absolument exclu de notre conscience et que, non seulement les parties les plus petites ou les plus éloignées de l'univers sont représentées en nous par quelques perceptions insensibles, mais que le passé et l'avenir nous sont en quelque sorte présents, soit par les traces des perceptions passées qui se mêlent à nos perceptions actuelles, soit par le germe des perceptions futures

qu'un œil plus perçant que le nôtre pourrait découvrir dans ces mêmes perceptions. On ferait ainsi de
notre esprit, suivant une expression chère à Leibniz, un univers en raccourci ; et l'on s'éloignerait
également du préjugé vulgaire qui place les choses
sensibles hors de toute sensibilité, et du paradoxe
sceptique qui n'admet rien en dehors des sensations
les plus expresses et les plus grossières.

Toutefois, si l'on réussit à procurer ainsi au monde
sensible une sorte d'existence, il faut avouer que cette
existence est encore toute subjective et relative à
notre sensibilité individuelle ; or on ne peut nier que
le sens commun s'efforce, non seulement de distinguer
les choses sensibles de nos sensations actuelles, mais
de les détacher entièrement de nous-mêmes et de leur
assurer une existence absolue et indépendante de la
nôtre. Dirons-nous avec Leibniz qu'il existe une infinité d'esprits, qui se représentent le même monde sous
autant de points de vue différents ? Mais des esprits
qui se représentent des corps ne sont point des corps ;
et d'ailleurs, puisque nous n'avons affaire qu'à nos
propres représentations, comment pourrions-nous,
non seulement établir, mais même soupçonner qu'il
existe d'autres esprits que le nôtre ? Au reste, quelque
système que l'on adopte, nous ne pourrons jamais
sortir de nous-mêmes : il faut donc ou nous renfer-
mer dans un idéalisme subjectif, assez voisin, après

tout, du scepticisme, ou trouver en nous-mêmes un
fondement capable de supporter tout à la fois l'existence du monde sensible et celle des autres esprits.
Or que peut-il y avoir en nous qui ne dépende pas de
nous et qui représente, ou plutôt qui constitue une
existence distincte de la nôtre? Ce ne sont pas les
phénomènes eux-mêmes, qui ne sont, au moins pour
nous, que nos sensations : ce n'est pas leur juxtaposition dans l'espace et leur succession dans le temps,
puisque le temps et l'espace semblent n'être que les
formes de notre propre sensibilité et qu'il nous est,
en tout cas, impossible de nous assurer qu'ils soient
autre chose : mais, si la place de chaque phénomène
dans l'espace et dans le temps nous paraît tellement
déterminée par ceux qui le précèdent ou qui l'accompagnent qu'il nous soit impossible de l'en ôter par la
pensée, cette détermination nécessaire est sans doute
quelque chose de distinct de nous, puisqu'elle s'impose à nous et qu'elle résiste à tous les caprices de
notre imagination. Dira-t-on que cette nécessité réside elle-même en nous, et qu'elle n'est pas moins
relative à notre entendement que les phénomènes
eux-mêmes à notre sensibilité? Que l'on nous montre
donc une existence ou, en général, une vérité pure
de toute relation à notre pensée : mais on nous per-
mettra de dire, en attendant, que nous ne sommes,
en tant qu'individu, que l'ensemble de nos sen-

sations, et qu'une nécessité dont nos sensations,
en tant que telles, ne sauraient rendre compte, constitue par cela même une existence aussi distincte de
la nôtre que l'on peut raisonnablement le demander.
Ce n'est pas parce que nous sentons certains phénomènes l'un après l'autre qu'ils s'enchaînent nécessairement, mais c'est, au contraire, parce qu'ils doivent
se développer dans un ordre nécessaire que notre sensibilité exprime cet ordre sous le point de vue qui lui
est particulier; et, dès que nous reconnaissons que
la série de nos sensations n'est qu'une expression particulière .de la nécessité universelle, nous concevons
tout au moins la possibilité d'une infinité d'expres-
sions analogues, correspondant à autant de points de
vue possibles sur l'univers. La détermination nécessaire de tous les phénomènes est donc tout à la fois
pour nous l'existence même du monde matériel et le
seul fondement que nous puissions assigner à celle
des autres esprits; et, si l'on préfère, malgré tout,
admettre sans preuve des existences absolument extérieures à la nôtre, il est aisé de montrer que l'on a
plus à perdre qu'à gagner au change. La supposition
de telles existences n'a, en effet, rien d'impossible
en elle-même : mais, si l'on demande ce qu'elles sont
pour nous, on trouvera que, puisqu'elles sont situées
hors de nous, elles ne peuvent nous être données que
par une impression quelconque qu'elles exercent sur

notre esprit : elles ne nous apparaîtront donc que comme une modification de nous-mêmes et deviendront absolument subjectives, précisément parce qu'on veut qu'elles soient absolument objectives. Une existence n'est objective pour nous que si elle nous est donnée en elle-même, et elle ne peut nous être donnée en elle-même que si elle jaillit, en quelque sorte, du sein même de la nôtre : entre l'idéalisme subjectif de Hume et l'idéalisme objectif de Kant, c'est au sens commun à choisir.

Au reste, si la loi des causes efficientes explique à la fois notre propre connaissance des phénomènes et l'existence que nous leur attribuons, c'est que ces deux choses sont étroitement unies et n'en forment, en réalité, qu'une seule. Le propre de la pensée est, en effet, de concevoir et d'affirmer l'existence de ses objets : et il est évident qu'une chose n'existe, au moins pour nous, que parce qu'elle est au nombre des objets de la pensée. Mais la pensée n'est rien à ses propres yeux en dehors de la nécessité qui constitue l'existence des phénomènes : comment d'ailleurs en aurait-elle conscience si elle en était substantiellement distincte, et comment se représenter cette nécessité elle-même sinon comme une sorte de pensée aveugle et répandue dans les choses? Nous ne savons ni ce que peut être l'existence d'une chose en soi, ni quelle conscience nous pourrons avoir de nous-mêmes

dans une autre vie : mais, dans ce monde de phénomènes dont nous occupons le centre, la pensée et
l'existence ne sont que deux noms de l'universelle et
éternelle nécessité.

V

Non seulement la loi des causes efficientes résulte
à priori du rapport de la pensée avec les phénomènes,
mais cette loi nous permet à son tour de déterminer,
par une nouvelle déduction, la nature des phénomènes
eux-mêmes.

Il faut évidemment que les lois puissent être appli-
quées aux phénomènes; puisque autrement elles n'auraient aucune signification ; et cette application ne
peut avoir lieu que par un acte simple de l'esprit, qui
conçoit chaque loi en percevant les phénomènes
qu'elle régit. Mais, pour que cet acte soit véritablement simple, il faut qu'il consiste à saisir sous deux
formes différentes une seule et même chose : il faut
que la loi ne soit que l'expression abstraite des phénomènes et que les phénomènes ne soient, à leur tour,
que l'expression concrète de la loi. Maintenant cette
correspondance entre les phénomènes et les lois peut
s'établir de deux manières : ou bien, en effet, la conception des lois est déterminée par la perception des
phénomènes, ou il faut que ce soit, au contraire, la

perception des phénomènes qui se règle sur la conception des lois. Nous procédons de la première manière quand nous disons, par exemple, que la chaleur dilate les corps : car nous ne faisons alors qu'énoncer, sous une forme générale, ce que nos sens nous ont déjà représenté dans un ou plusieurs cas particuliers. Mais il n'en est pas de même lorsqu'il s'agit de l'enchaînement universel des causes et des effets : nous concevons ici la loi avant d'avoir perçu les phénomènes, et ce sont les seconds qui sont, en quelque sorte, tenus de nous fournir la représentation sensible de la première. Il faut donc que nous percevions, dans la diversité même des phénomènes, une unité qui les enchaîne : et, puisque les phénomènes sont une diversité dans le temps et dans l'espace, il faut que cette unité soit celle d'une diversité dans le temps et dans l'espace. Or une diversité dans le temps est une diversité d'états ; et la seule unité qui puisse se concilier avec cette diversité est la continuité d'un changement dont chaque phase ne diffère de la précédente que par la place même qu'elle occupe dans le temps. Mais une diversité dans le temps et dans l'espace est une diversité d'états et de positions tout ensemble ; et l'unité de cette double diversité ne peut être qu'un changement continu et uniforme de position, ou, en un seul mot, un mouvement continu et uniforme. Tous les phénomènes sont donc des mouvements, ou plutôt

un mouvement unique, qui se poursuit autant que
possible dans la même direction et avec la même vitesse, quelles que soient, du reste, les lois suivant
lesquelles il se transforme et quelles qu'aient pu être
sur ce point les erreurs de la mécanique cartésienne.
Mais, ce que Leibniz n'a pas contesté à Descartes et
ce qui nous semble au-dessus de toute contestation,
c'est que tout, dans la nature, doit s'expliquer méca-
niquement : car le mécanisme de la nature est, dans
un monde soumis à la forme du temps et de l'espace,
la seule expression possible du déterminisme de la
pensée.

Sans doute, nous ne percevons pas seulement des
mouvements, mais encore des couleurs, des sons et
tout ce qu'on est convenu d'appeler les qualités secondes de la matière : mais il ne faut pas confondre
de simples apparences, qui n'existent que dans notre
sensibilité, avec les véritables phénomènes, qui peuvent
seuls prétendre à une existence objective. Les phénomènes, en effet, doivent nous offrir, dans leur diversité même, une sorte de réalisation de l'unité de la
pensée : et cette unité ne peut se réaliser que dans
une diversité homogène, qui soit, pour ainsi dire, une
en puissance, comme celle du temps et de l'espace.
Les qualités secondes sont, au contraire, une diversité
hétérogène, qui n'a par elle-même rien de commun
avec celle du temps et de l'espace : car la couleur

n'est étendue que par accident, et l'on ne peut pas dire qu'elle augmente ou qu'elle diminue lorsque la surface qu'elle couvre devient plus grande ou plus petite. On ne saurait admettre non plus que ces qualités durent par elles-mêmes : car nous ne pouvons mesurer directement, ni le temps pendant lequel chacune d'elles affecte notre sensibilité, ni celui qui s'écoule dans le passage d'une sensation à une autre sensation entièrement différente. Mais, si elles ne nous apparaissent pas sous la forme de l'espace et du temps, elles ne nous en sont pas moins données dans le temps et dans l'espace : et il serait impossible de rendre compte de la place qu'elles y occupent si aucun lien ne les rattachait au phénomène qui, seul, remplit par lui-même l'un et l'autre. La perception de ces qualités n'est donc, comme le croyait Leibniz, que la perception confuse de certains mouvements ; et, si elles ne peuvent donner lieu à une connaissance directe et expresse, rien ne nous empêche de voir en elles l'objet d'une connaissance indirecte et, en quelque sorte, virtuelle. Si elles ne sont point des phénomènes, elles sont du moins des apparences bien fondées, et non de vains rêves : elles existent, non en elles-mêmes, mais dans le mouvement, sur lequel elles reposent et dont elles suivent fidèlement toutes les vicissitudes : elles sont en nous par elles-mêmes et hors de nous par ce qu'elles expriment. Le mouvement est le seul phéno-

mène véritable, parce qu'il est le seul phénomène intelligible ; et Descartes a eu raison de dire que toute
idée claire était une idée vraie, puisque l'intelligibilité
des phénomènes est précisément la même chose que
leur existence objective. Mais il doit y avoir quelque
chose de vrai jusque dans les modes les plus obscurs
de notre sensibilité : car il n'y a point de place dans
notre esprit pour une illusion absolue, et rien de ce
qui nous est donné ne peut être absolument exclu de
la sphère de la pensée et de celle de l'existence. Les
qualités secondes sont, en quelque sorte, la matière
éloignée de l'existence et de la pensée : entre la diversité absolue de cette matière et l'unité absolue de sa
forme il fallait un intermédiaire, et nous avons trouvé
cet intermédiaire dans la continuité du mouvement.

Si tout, dans la nature, doit s'expliquer mécanique-
ment, que deviennent la spontanéité de la vie et la
liberté des actions humaines ? Faut-il soustraire à la
loi du mécanisme une partie considérable des phénomènes ou soutenir, avec Descartes, que les bêtes n'ont
point d'âme et, avec Leibniz, que nos propres mouvements ne s'exécutent pas autrement que ceux de
l'aiguille aimantée ? Telle est la double question qu'il
nous reste maintenant à examiner.

On ne peut méconnaître l'harmonie des fonctions
qui entretiennent la vie, soit chez les plantes, soit chez
les animaux : il s'agit seulement de savoir si cette har-

monie est un simple résultat des lois générales du
mouvement ou si elle est l'œuvre d'un agent spécial,
distinct de chaque organisme et soumis à des lois
exclusivement téléologiques ; or cette dernière hypothèse nous paraît, indépendamment de toute considération à priori, absolument inadmissible. Nous pourrions d'abord soulever quelques difficultés sur le
nombre ou la division possible de ces agents dans les
plantes et dans ceux des animaux qui se multiplient
par une sorte de bourgeonnement : nous pourrions
demander, en général, d'où ils viennent, s'ils sont
créés *ex nihilo* au moment de chaque génération et
comment ils périssent, malgré leur simplicité, lorsque
le corps qu'ils animaient vient à se dissoudre. Nous
pourrions encore rappeler le caractère provisoire des
explications vitalistes et le terrain qu'elles ont déjà
cédé et qu'elles cèdent chaque jour aux explications
mécaniques : mais nous nous contenterons de demander aux partisans de cette hypothèse comment ils
prouvent ce qu'ils avancent et à quel signe ils peuvent
reconnaître, dans la formation et le jeu d'un organe,
l'intervention d'un agent immatériel. Quelque opinion
que l'on adopte, en effet, sur la cause des phénomènes
vitaux, on ne peut nier que ces phénomènes soient en
eux-mêmes des mouvements : la question se réduit
donc à savoir si tous ces mouvements s'enchaînent en
vertu des lois de la mécanique ou si quelques-uns

commencent ou s'arrêtent, changent de vitesse ou de
direction, sans y être déterminés par d'autres mouvements. Or comment pénétrer assez profondément
dans la structure des êtres vivants pour s'assurer
qu'un mouvement notable qui se produit tout à coup
dans une partie de leur corps n'est pas la suite de
mouvements imperceptibles qui s'exécutaient aupara-
vant dans les parties de cette partie ? Comment même
entreprendre une telle recherche, si l'on songe que le
détail de ces parties peut aller, et va sans doute,
comme le croyait Leibniz, à l'infini ? De plus, il est
impossible d'accorder à un agent spirituel la moindre
influence sur les mouvements vitaux sans l'investir, à
l'égard de ces mouvements, d'un véritable pouvoir
créateur : car, non seulement il ne peut les suspendre
sans les anéantir ou sans imprimer aux mêmes parties un mouvement égal et inverse, mais la direction
du mouvement est, quoi qu'en ait dit Descartes, inséparable du mouvement lui-même : cet agent ne pourra
donc changer la direction d'un mouvement organique
sans le remplacer par un autre, ou du moins sans
produire un mouvement en sens différent, qui se com-
binera avec le premier. Or un pouvoir créateur est,
par sa nature même, absolument illimité : voilà donc
dans l'univers autant de sources de mouvement que
d'êtres vivants, et des sources dont chacune peut en
produire une quantité infinie. D'où vient donc que la

quantité du mouvement, à ne consulter que l'expérience, ne varie pas dans l'univers? D'où vient que nos forces sont si bornées et qui nous empêche, comme dit Leibniz, de sauter jusqu'à la lune? D'où vient qu'elles s'épuisent si vite et qu'elles ont besoin d'être incessamment réparées par le sommeil et la nourriture? D'où vient enfin que chaque âme est si lente à construire le corps qu'elle habite et si prompte à le laisser périr?

L'hypothèse d'un agent spirituel, exclusivement déterminé par des causes finales, paraît surtout difficile à concilier avec les anomalies et les désordres que présentent trop souvent les organes et les fonctions des êtres vivants. Il est impossible, en effet, de soutenir sérieusement que cet agent fait de son mieux pour maintenir l'harmonie dans l'organisme, mais que toute sa bonne volonté échoue, en quelque sorte, contre la puissance aveugle de la matière : car il n'y a ni proportion ni lutte possible entre des molécules matérielles, qui ne peuvent que conserver ou transmettre une quantité finie de mouvement, et un esprit, capable d'en créer à chaque instant une quantité infinie. Il faut donc placer dans cet esprit lui-même la cause qui limite ou altère l'action qu'il exerce sur l'organisme : il faut dire qu'il y a des âmes ignorantes, qui confondent les traits du type qu'elles sont chargées de réaliser, et des âmes faibles ou perverses, qui,

après avoir achevé leur ouvrage, négligent de le conserver ou prennent même plaisir à en hâter la ruine.
Or il est difficile de concevoir comment un être simple,
qui tend naturellement à produire un certain effet,
peut rencontrer en lui-même une tendance opposée,
ou du moins un obstacle insurmontable : et il faut
convenir que les choses ne se passent pas alors dans
l'âme autrement qu'elles se passeraient dans le
corps si la plupart des mouvements organiques tendaient par eux-mêmes à s'accomplir dans l'ordre le
plus convenable, bien que ce concert fût en partie
détruit par quelques mouvements irréguliers. Mais,
si la simplicité de cet être hypothétique paraît com-
promise par les aberrations et les défaillances que l'on
est souvent forcé de lui attribuer, est-elle plus facile
à concevoir, même lorsqu'il agit de la manière la plus
savante et la plus soutenue? Il faut bien, en effet,
qu'il se représente sous une forme quelconque, et le
détail des organes qu'il construit, et la suite des mouvements qu'il leur imprime : il faut donc qu'il renferme dans sa simplicité prétendue, d'une part, une
diversité précisément égale à celle de l'organisme et,
de l'autre, une conscience plus ou moins obscure de
cette diversité : dès lors, à quoi sert-il et pourquoi, si
nous devons admettre une telle conscience, ne pas la
placer dans l'organisme lui-même? Enfin comment
s'est formé dans l'intelligence de cet être le plan

d'après lequel il travaille ? Ce plan ne peut être l'ouvrage ni de sa volonté ni même d'une volonté étrangère : car cette volonté aurait dû être dirigée par un plan antérieur, qui supposerait à son tour une autre volonté, et ainsi de suite à l'infini. Il faut donc que le plan de chaque organisme se soit formé de lui-même, avant toute réflexion et toute conscience : il faut que les matériaux de cet organisme idéal, d'abord épars et informes, se soient assemblés et polis en vertu de lois qui leur étaient, apparemment, inhérentes : mais alors qui nous empêche d'en dire autant de l'organisme réel et qu'y a-t-il d'absurde à expliquer la formation des corps par un mécanisme que l'on finit par être obligé de transporter dans les âmes ? Que ce mécanisme soit, en quelque sorte, pénétré de finalité, c'est ce que nous ne contestons pas, et c'est même ce que nous nous réservons de démontrer plus tard : nous avons seulement voulu établir que rien ne nous autorise à réaliser cette finalité dans un agent spécial, soustrait aux lois générales de la matière et du mouvement.

Il ne reste donc plus que les actions de l'homme qui semblent déroger au mécanisme universel ; et il faudrait bien prendre notre parti de cette dérogation s'il n'y avait pas d'autre moyen de sauver la liberté, dans le sens où elle est liée à l'accomplissement de la loi morale : car nous sommes tenus, par cette loi elle-même, de croire que nous possédons tout ce qui est nécessaire pour l'accomplir. Mais il n'est peut-être pas nécessaire, pour que nous puissions répondre de nos actes, qu'il n'y ait dans le temps qui les précède aucune raison qui les détermine ; et il ne paraît pas moins conforme au sens commun d'expliquer, en quelque sorte, historiquement une action coupable que de la condamner au nom de la conscience. On sait comment Kant a essayé de mettre sur ce point la raison d'accord avec elle-même en plaçant la liberté morale dans une sphère supérieure à celle du temps et des phénomènes ; et, tant que la fausseté de cette hypothèse n'aura pas été démontrée, il nous sera permis d'examiner si nos actions, considérées comme de simples événements et abstraction faite de leur caractère moral, obéissent ou non aux lois générales de la nature. Or, si nous refusons à la spontanéité vitale le pouvoir de modifier les mouvements qui s'exécutent d'eux-mêmes dans notre organisme, il est clair que les mêmes raisons doivent nous empêcher de l'accorder à notre volonté ; et le mécanisme extérieur de nos actions ne pourrait être l'objet d'aucun doute si l'expérience intérieure ne prononçait, suivant quelques philosophes, en faveur d'une liberté d'indifférence absolument inconciliable avec ce mécanisme. La question se réduit donc à savoir s'il nous arrive de vouloir sans motif ou, ce qui revient au même, sans tenir compte des motifs qui sollicitent notre volonté ; et il est aisé de montrer que, sur ce point, la prétendue décision de l'expérience intérieure est contraire, non seulement à la loi suprême de toute expérience, mais encore aux données d'une observation attentive. Personne, en effet, n'oserait prétendre qu'un homme sage, dans une occasion importante, prend indifféremment le parti qu'il juge le meilleur ou celui qui lui semble le pire ; et ce serait perdre notre temps que de peser, en pareil cas, le pour et le contre, si notre délibération était une pure affaire de curiosité et ne devait exercer aucune influence sur notre conduite. On est donc réduit à citer l'exemple de ceux qui agissent par caprice, comme si leur vanité ou leur paresse n'étaient pas pour eux les plus puissants de tous les intérêts ; on allègue des actions insignifiantes, que nous accomplissons presque machinalement, et l'on soutient que nous nous déterminons alors sans raison, parce que nous ne remarquons pas les raisons qui nous déterminent. Il est certain que l'homme qui a besoin d'une guinée et dont la bourse ne contient que des pièces de cette nature prend au hasard la première que ses doigts rencontrent : mais placez seulement deux guinées sur une table, et essayez d'en choisir une sans aucune espèce de motif ; ou bien levez la main, comme le propose Bossuet, et voyez si vous parviendrez, par un pur effet de votre libre arbitre, à la pencher à droite

4.

ou à gauche. Sera-ce à droite? Non, car, si vous choisissez ce mouvement, c'est parce qu'il vous paraît le plus naturel. Ce sera donc à gauche? Non, car le désir de montrer que vous agissez sans motif est maintenant le motif qui vous fait éviter la droite. Il faudra donc en revenir à la droite : mais il est clair que vous n'en serez pas plus avancé; et la question pourrait rester longtemps pendante si la fatigue ne finissait par la trancher, pendant un moment de distraction, en faveur du mouvement le plus commode.

On dit quelquefois que, si le libre arbitre n'existait pas, toute la vie humaine serait renversée : mais il semble qu'une liberté d'indifférence absolue, qui ne nous laisserait aucune prise sur la volonté de nos semblables et ferait de leur conduite future une énigme dont ils n'auraient pas eux-mêmes la clef, serait beaucoup plus propre à produire l'effet dont on parle. Il ne suffit pas, en effet, de reconnaître que les hommes se décident ordinairement d'après certains motifs, si nous n'avons aucune raison de croire que ces motifs les décideront encore dans une occasion donnée; et il nous serait impossible de former la moindre conjecture à cet égard si leur décision n'était pas soumise à des lois absolument certaines en elles-mêmes, quelque incertaine que puisse être la connaissance que nous en avons. Nous sommes loin, sans doute, de pouvoir calculer la conduite d'un homme avec la même préci-

sion que la marche d'un astre : mais il n'y a aussi
aucune proportion entre la difficulté des deux pro-
blèmes, puisque cette conduite est déterminée non
seulement par des inclinations dont la force relative
varie d'un instant à l'autre, mais encore par les ré-
flexions qui contribuent à les mettre en jeu et dont le
cercle peut s'étendre à l'infini. Il n'en est pas moins
vrai qu'une connaissance médiocre du caractère d'un
homme et des circonstances dans lesquelles il est placé
nous suffit ordinairement pour juger, sans trop de
chances d'erreur, du parti qu'il prendra ; et l'influence
que les hommes exercent les uns sur les autres, soit
dans la vie privée, soit dans la vie publique, tient en
grande partie à la sagacité qu'ils peuvent déployer en ce
genre et qui va, pour quelques-uns, jusqu'à une sorte
d'infaillibilité. Mais il y a encore un autre cas où il
nous est donné d'agir presque à coup sûr sur la volonté de nos semblables : c'est celui où nous opérons,
non sur des individus, mais sur des masses, et où nous
cherchons seulement à déterminer un certain nombre
d'actes d'une certaine nature, quels que soient d'ailleurs en particulier ceux qui doivent les accomplir.
C'est ainsi qu'un grand commerçant parvient à s'assurer un nombre constant ou même croissant d'ache-
teurs, dont chacun lui est personnellement inconnu ;
et, lorsqu'il cède son commerce à un autre, il évalue
en argent, non seulement les marchandises qui se

trouvent dans son magasin, mais encore la disposition présumée de ces inconnus à venir les y chercher. Ces sortes de calculs, dans lesquels les volontés humaines sont traitées à peu près comme des agents physiques, ne sont pas seulement indispensables aux transactions privées ; ils sont aussi devenus, surtout de nos jours et avec l'aide de la statistique, un des éléments principaux de la science du gouvernement. Il y a une statistique de la production et de l'échange, dans laquelle l'économie politique cherche les moyens les plus propres à accroître la richesse des nations ; il y a même une statistique du crime, sur laquelle la législation pénale doit se régler, pour établir à chaque époque une sorte de balance entre la violence des passions qui menacent la sécurité publique et le degré de crainte nécessaire pour les contenir. Qu'y a-t-il donc d'étonnant à ce que nos actions obéissent extérieurement à un mécanisme physique, puisque la société humaine est fondée sur un mécanisme moral, dont chacun de nous, dans sa sphère, a sans cesse besoin de connaître et de manier les ressorts ?

Un ensemble de mouvements dont aucune cause extérieure ne vient modifier la direction et la vitesse, soit dans les corps vivants, soit même dans ceux où l'intelligence est jointe à la vie, telle est donc la seule conception de la nature qui résulte de ce que nous savons jusqu'ici de l'essence de la pensée. Cette con-

ception, si elle devait être exclusive, serait une sorte
de matérialisme idéaliste : mais nous ne devons pas
oublier qu'elle ne répond qu'à la moitié du principe
sur lequel repose notre connaissance à priori de la
nature, et nous allons chercher à la compléter en passant de la considération des causes efficientes à celle
des causes finales

VI

Avant de chercher à démontrer la loi des causes
finales comme nous espérons avoir démontré celle des
causes efficientes, il n'est pas inutile de rappeler la
raison qui nous a déterminés à regarder cette loi
comme un des éléments du principe de l'induction ;
cette raison emprunte d'ailleurs une force nouvelle
aux conclusions qui précèdent. Nous savons, en effet,
maintenant que les phénomènes simples qui forment
le tissu de tous les autres ne sont autre chose que des
mouvements ; nous savons que les lois mécaniques
sont les seules qui soient primitives et immédiates et
que les autres lois de la nature n'expriment qu'une
liaison médiate et dérivée entre certaines combinaisons de mouvements. Or, pour que cette liaison puisse
être considérée comme constante, il ne suffit pas, évidemment, que le mouvement continue à obéir aux
mêmes lois : car le rôle de ces lois se borne à subor-

donner chaque mouvement à un précédent et ne s'étend pas jusqu'à coordonner entre elles plusieurs séries de mouvements. Il est vrai que, si nous connaissions à un moment donné la direction et la vitesse de tous les mouvements qui s'exécutent dans l'univers, nous pourrions en déduire rigoureusement toutes les combinaisons qui doivent en résulter : mais l'induction consiste précisément à renverser le problème, en supposant, au contraire, que l'ensemble de ces directions et de ces vitesses doit être tel qu'il reproduise à point nommé les mêmes combinaisons. Mais, dire qu'un phénomène complexe contient la raison des phénomènes simples qui concourent à le produire, c'est dire qu'il en est la cause finale : la loi des causes finales est donc un élément, et même l'élément caractéristique du principe de l'induction.

Pour rendre cette vérité plus sensible, demandons-nous quel fond nous pourrions faire sur l'ordre actuel de la nature si nous n'avions, pour nous en garantir le maintien, que la loi des causes efficientes ou, ce qui revient au même, le mécanisme universel. Nous n'aurions d'abord aucune raison de croire à la permanence des espèces vivantes : car nous n'avons aucune idée des mouvements imperceptibles par lesquels se forme et se développe chaque être organisé : nous pourrions donc supposer indifféremment ou que chaque génération donnera naissance à une espèce

nouvelle, ou qu'il ne naîtra plus que des monstres, ou
que la vie disparaîtra entièrement de la terre. Mais la
conservation des corps bruts ne nous paraîtrait pas
plus certaine que celle des êtres organisés : car on
admet généralement que ces corps, sans même en
excepter ceux que la chimie regarde provisoirement
comme simples, sont composés de corps plus petits :
et il n'y a aucune raison, à ne considérer que les lois
générales du mouvement, pour que ces petits corps
continuent à se grouper dans le même ordre, plutôt
que de former des combinaisons nouvelles, ou même
de n'en plus former aucune. Enfin l'existence même
de ces petits corps serait à nos yeux aussi précaire
que celle des grands : car ils ont sans doute des parties, puisqu'ils sont étendus, et la cohésion de ces parties ne peut s'expliquer que par un concours de mou-
ments qui les poussent incessamment les unes vers les
autres : ils ne sont donc, à leur tour, que des systèmes
de mouvements, que les lois mécaniques sont, par
elles-mêmes, indifférentes à conserver ou à détruire.
Le monde d'Épicure avant la rencontre des atomes ne
nous offre qu'une faible idée du degré de dissolution
où l'univers, en vertu de son propre mécanisme, pourrait être réduit d'un instant à l'autre : on se représente
encore des cubes ou des sphères tombant dans le vide,
mais on ne se représente même pas cette sorte de
poussière infinitésimale, sans figure, sans couleur,

sans propriété appréciable par une sensation quelconque. Une telle hypothèse nous paraît monstrueuse,
et nous sommes persuadés que, lors même que telle
ou telle 'loi particulière viendrait à se démentir, il
subsisterait toujours une certaine harmonie entre les
éléments de l'univers : mais d'où le saurions-nous si
nous n'admettions pas à priori que cette harmonie est,
en quelque sorte, l'intérêt suprême de la nature et
que les causes dont elle semble le résultat nécessaire
ne sont que des moyens sagement concertés pour
l'établir ?

La loi des causes finales est donc, aussi bien que
celle des causes efficientes, un élément indispensable
du principe de l'induction : mais il y a entre ces deux
lois une double différence, qu'il n'est pas inutile de
signaler. On peut remarquer d'abord que les divers
jugements par lesquels nous les appliquons aux phénomènes sont hypothétiques pour la première et caté-
goriques pour la seconde : c'est-à-dire que la première
ne détermine chaque phénomène que par rapport à un
précédent, dont elle suppose l'existence, tandis que la
seconde pose absolument et sans condition chacune
des fins réelles ou présumées de la nature. En revanche,
la loi des causes efficientes est d'une application nécessaire et rigoureuse, qui ne comporte pas de degrés :
dès que toutes les conditions d'un phénomène sont
réunies, nous ne pouvons plus admettre sans absur-

dité que ce phénomène ne se produise pas ou se produise autrement que ne l'exigent les lois de la mécanique. La loi des causes finales est, au contraire, une
loi flexible et contingente dans chacune de ses appli-
cations : elle exige absolument une certaine harmonie
dans l'ensemble des phénomènes, mais elle ne nous
garantit ni que cette harmonie sera toujours composée des mêmes éléments, ni même qu'elle ne sera
jamais troublée par aucun désordre. Nous croyons,
comme dit Kant, qu'il y aura toujours dans le monde
une hiérarchie de genres et d'espèces que nous pourrons saisir : mais il nous est impossible de décider si
le produit d'une génération donnée ne sera pas un
monstre, ou si les espèces qui existent aujourd'hui ne
donneront pas naissance, par une transformation in-
sensible, à des espèces entièrement différentes. La
nature est tout à la fois une science qui ne se lasse
pas de déduire les effets des causes et un art qui
s'essaie sans cesse à des inventions nouvelles ; et, s'il
nous est donné dans quelques cas de suivre par le
calcul la marche uniforme de la science qui travaille
au plus profond des choses, l'induction proprement
dite consiste plutôt à deviner, par une sorte d'instinct, les procédés variables de l'art qui se joue à la
surface.

Reste à démontrer la loi des causes finales, c'est-à-
dire à montrer que cette loi résulte, comme celle des

J. LACHELIER   5

causes efficientes, du rapport des phénomènes avec notre esprit : mais ce genre de démonstration, qui nous a paru le seul valable, semble nous être maintenant interdit par l'usage même que nous en avons fait tout à l'heure. Nous avons établi, en effet, que la possibilité de la pensée repose sur l'unité de son objet, et que cette unité consiste dans la liaison mécanique des causes et des effets : n'avons-nous pas déclaré par cela même que toute autre liaison, et entre autres celle des moyens avec les fins, était étrangère à l'essence de la pensée et indifférente à son existence ? Nous avons ajouté que l'existence objective des phénomènes eux-mêmes est fondée sur leur enchaînement nécessaire : pouvons-nous chercher à cette même existence un nouveau fondement, et les phénomènes en seront-ils plus vrais et plus objectifs parce qu'à l'unité de série, qui fait naître chaque mouvement d'un précédent, sera venue s'ajouter l'unité de système, qui fait converger plusieurs mouvements vers un but commun ? N'est-il pas évident, au contraire, que cette seconde unité est toute de surérogation et que l'esprit, au lieu de l'introduire lui-même dans les choses, est réduit à l'attendre, comme un accident heureux et une sorte de faveur de la nature ?

On est donc tenté de prendre ici un détour et d'appeler la sensibilité à résoudre une question sur laquelle l'entendement semble forcé de reconnaître son incompétence. Un monde dans lequel le mouvement, sans cesser d'obéir à ses propres lois, ne formerait plus aucun composé ou ne formerait que des composés discordants qui se détruiraient eux-mêmes ne serait peut-être pas moins conforme que le nôtre aux exigences de la pensée : mais il serait loin de répondre à celles de notre sensibilité, puisqu'il la laisserait, dans le premier cas, absolument vide, et ne lui causerait, dans le second, que des modifications pénibles. On pourrait donc demander pourquoi, tandis que notre faculté de connaître rencontre des objets qui lui sont exactement proportionnés, notre faculté de sentir ne s'exerce pas ou ne s'exerce que d'une manière contraire à sa nature : on pourrait encore demander à quoi nous sert un tel monde et pourquoi des choses dont l'existence nous blesse ou nous est indifférente ont pris pour nous la place de l'absolu néant. Toutefois, quelque justes que soient ces considérations, elles ne sauraient former en faveur de la loi des causes finales une preuve proprement dite : car, supposer que les choses doivent répondre aux exigences de notre sensibilité, ou que l'existence de ces mêmes choses n'a pu être déterminée que par notre intérêt, c'est évidemment prendre pour principe la loi même que l'on se propose d'établir. Nous ne pouvons pas supprimer par la pensée la liaison mécanique des phénomènes, et nous avons le droit de dire que cette liaison existe nécessairement,

parce que, pour nous, ce qui est absolument inconcevable est absolument impossible : nous ne pouvons
pas davantage souhaiter que l'ordre et l'harmonie disparaissent de l'univers, mais nous sommes parfaitement libres de le concevoir, et l'horreur que nous ins-
pire une telle hypothèse ne nous autorise pas à affirmer
qu'elle ne sera jamais réalisée. Dire que notre sensibilité seule exige des phénomènes la finalité que nous
leur attribuons serait donc avouer que cette finalité
n'est susceptible d'aucune démonstration et que, si
elle est pour nous l'objet d'un désir légitime, elle ne
saurait être celui d'une connaissance nécessaire.

Mais, de ce que la loi des causes finales intéresse
surtout notre sensibilité, il ne résulte nullement qu'elle
soit étrangère à l'essence de la pensée ; et nous ne
renonçons pas à établir que la pensée elle-même suppose l'existence de cette loi et l'impose, par conséquent,
à la nature, quoique dans un autre sens et à un autre
titre que celle des causes efficientes. Nous avons
admis, en effet, que la pensée suppose l'unité de son
objet, ou plutôt qu'elle n'est elle-même autre chose
que cette unité ; et la liaison nécessaire des causes et
des effets nous a paru jusqu'ici le seul moyen de ré-
duire la diversité des phénomènes à l'unité de la pensée.
Il faut avouer toutefois que nous n'avons obtenu par
ce moyen qu'une unité incomplète et superficielle : car
ce qui devient un, en vertu de cette liaison, ce ne sont

pas les choses elles-mêmes, mais la série des places qu'elles occupent dans le temps et le mouvement de la pensée qui passe sans interruption de l'une à l'autre. Autre chose est, en effet, pour un phénomène, d'avoir sa place dans le temps et d'être ainsi une vérité et non une illusion, autre chose, de remplir cette place par une réalité qui lui soit propre et qui le distingue d'un phénomène purement possible. C'est cette réalité qui est, dans chaque phénomène, l'objet de la sensation : mais nous ne voyons pas encore comment elle pourrait être un objet de pensée, puisque la condition de la pensée est l'unité, et que chaque réalité nous est donnée par la sensation en dehors de toute relation avec les autres. Une pensée qui reposerait exclusivement sur l'unité mécanique de la nature glisserait donc en quelque sorte à la surface des choses, sans pénétrer dans les choses elles-mêmes : étrangère à la réalité, elle manquerait elle-même de réalité et ne serait que la forme vide et la possibilité abstraite d'une pensée. Il faut donc trouver un moyen de rendre à la fois la pensée réelle et la réalité intelligible ; et ce moyen ne peut être qu'une seconde unité, qui soit à la matière des phénomènes ce que la première est à leur forme et qui permette à la pensée de saisir par un acte unique le contenu de plusieurs sensations. Il est vrai que, si plusieurs sensations peuvent, en effet, coïncider dans une seule perception, nous n'avons pas cons-

cience d'embrasser par une seule perception la réalité
tout entière : de sorte que, tandis que la première
unité est, pour ainsi dire, adéquate à l'univers, la
seconde semble toujours restreinte au petit nombre
de phénomènes qui composent à chaque moment notre
horizon sensible. Mais ce qui est vrai de nos perceptions distinctes ne l'est peut-être pas de nos perceptions confuses : non seulement, en effet, si l'on en croit
Leibniz, nous ne cessons jamais entièrement de percevoir ce que nous avons une fois perçu, mais nos
perceptions futures sont en quelque sorte préformées
dans nos perceptions présentes ; et, lorsque nous
croyons passer d'un objet à un autre, nous ne faisons
qu'éclairer tour à tour les différentes parties d'un ta-
bleau qui était déjà tout entier présent à la pensée.
Maintenant plusieurs phénomènes ou, ce qui revient
au même, plusieurs mouvements ne peuvent être l'objet d'une seule perception que s'ils sont harmoniques,
c'est-à-dire s'il existe entre leurs vitesses et leurs directions des rapports faciles à saisir : car ce n'est qu'en
appliquant à plusieurs choses une commune mesure
que nous pouvons les percevoir comme une seule. Il
en est de même des groupes de phénomènes qui correspondent à chacune de nos perceptions distinctes :
pour que nous puissions les envelopper à leur tour
dans une seule perception confuse, il faut qu'ils
soient harmoniques à leur tour, ou plutôt qu'ils for-

ment une suite mélodique, dont le premier accord
retentisse en quelque sorte jusque dans le dernier. La
première unité de la nature était l'unité purement ex-
trinsèque d'une diversité radicale : la seconde est, au
contraire, l'unité intrinsèque et organique d'une variété dont chaque élément exprime et contient à sa
manière tous les autres. Mais l'accord réciproque de
toutes les parties de la nature ne peut résulter que de
leur dépendance respective à l'égard du tout : il faut
donc que, dans la nature, l'idée du tout ait précédé
et déterminé l'existence des parties : il faut, en un mot,
que la nature soit soumise à la loi des causes finales.
Sans doute, cette preuve n'assure pas et ne pouvait
pas assurer à la loi des causes finales le caractère de
nécessité absolue qui n'appartient qu'à celle des causes
efficientes : car la pensée peut tout concevoir, excepté
son propre anéantissement, et le mécanisme universel,
qui fait de chaque phénomène une vérité, suffit par
cela même pour assurer son existence. Mais cette existence purement abstraite serait pour elle un état d'éva-
nouissement et de mort; et qu'elle doive, au contraire,
puiser dans son commerce avec la réalité la vie et le
sentiment d'elle-même, c'est ce qu'elle n'hésite pas à
décider par un acte, non de connaissance, mais de
volonté.

Ce n'est pas seulement la pensée, c'est aussi la nature que la loi des causes finales fait passer d'une

existence abstraite à une existence réelle ; et c'est dans la distinction de ces deux existences qu'il faut chercher la justification de celle que le sens commun a toujours établie entre nos connaissances et leurs objets. La seule existence que nous ayons jusqu'ici accordée à la nature consiste, en effet, dans la liaison nécessaire des phénomènes ; et, si cette existence est indépendante de notre sensibilité, il faut bien convenir qu'elle réside tout entière dans notre entendement. Nous ne sommes donc pas sortis de nous-mêmes et nous ne voyons même pas comment nous pourrions en sortir : car rien ne nous est donné en dehors des phénomènes, qui ne sont autre chose que nos sensations, et de leurs rapports, qui constituent notre propre pensée. Mais nous venons de reconnaître que les phénomènes ont entre eux deux sortes de rapports : des rapports de cause à effet, par lesquels ils forment dans le temps une série continue ; et des rapports de moyen à fin, sur lesquels repose l'unité harmonique et systématique de la nature. Or nous avons pu dire qu'un phénomène *existe* en tant qu'il dépend d'une cause qui le précède dans le temps, puisque l'existence d'un phénomène ne saurait être pour nous que la raison en vertu de laquelle ce phénomène doit apparaître à la conscience. Nous pouvons donc dire également que ce phénomène *existe* en tant qu'il concourt à réaliser une fin encore idéale : car cette fin est une nouvelle

raison qui détermine la production du même phénomène, en vertu, non d'une nécessité absolue, mais d'un
principe d'ordre et de convenance. Cette seconde définition de l'existence répond même mieux que la première à l'idée que l'on se fait généralement d'un *être*:
car ce que l'on appelle de ce nom, surtout lorsqu'il
s'agit d'un être vivant, est précisément un groupe de
phénomènes qui gravitent en quelque sorte autour
d'une fin commune. Ainsi la nature possède deux
existences, fondées sur les deux lois que la pensée
impose aux phénomènes : une existence abstraite,
identique à la science dont elle est l'objet, qui repose
sur la loi nécessaire des causes efficientes ; et une
existence concrète, identique à ce qu'on pourrait appeler la fonction esthétique de la pensée, qui repose sur
la loi contingente des causes finales. On ne peut donc
pas dire que la nature soit absolument extérieure à la
pensée, puisqu'elle serait alors pour nous comme si
elle n'était pas : et, d'un autre côté, comme le mot
pensée désigne surtout la fonction logique de notre
esprit, on conçoit fort bien que la pensée ainsi entendue se distingue de la nature considérée comme objet de perception et dans son existence réelle. Mais ce
n'est pas tout : tandis que le mécanisme de la nature
remplit, par une évolution continue, l'infini du temps
et de l'espace, la finalité de cette même nature se concentre, au contraire, dans une multitude de systèmes

5.

distincts, quoique analogues les uns aux autres ; et
nous ne sommes, en tant qu'individu, que l'un de ces
systèmes, qui doit à son organisation particulière la
conscience réfléchie de lui-même et de ceux qui l'entourent. Ainsi, non seulement la nature s'oppose à la
science comme une pensée concrète à une pensée
abstraite, mais cette pensée se résout à son tour dans
les pensées individuelles qui forment l'unité de chaque
système ; et, bien que chacune de ces pensées, comme
le croyait Leibniz, représente, ou plutôt enveloppe
réellement toutes les autres, elles n'en constituent pas
moins, par la seule différence de leurs points de vue,
autant de substances indépendantes, tour à tour
sujet et objet de la conscience universelle. L'unité
téléologique de chaque être, voilà, sans préjudice du
mode d'intuition auquel nous pourrons être élevés
dans une autre vie, le véritable *noumène*, dont les phénomènes ne sont que la manifestation et que nous
saisissons dès à présent, non par une conception abstraite ou une sensation aveugle, mais par une perception sensible et intellectuelle tout ensemble. Peut-être
faudrait-il aussi renverser le rapport des termes que
nous avons empruntés à la langue de Kant et dire que,
si l'unité mécanique de la nature est objective par rapport aux simples modifications de notre sensibilité,
elle n'est encore que subjective par rapport à l'unité
téléologique qui place l'existence des choses hors de

notre entendement et fait de la pensée un objet pour
elle-même. Mais, quelques termes que l'on emploie, il
est certain que la science proprement dite ne porte
que sur les conditions matérielles de l'existence véritable, qui est en elle-même finalité et harmonie : et,
puisque tout harmonie est un degré, si faible qu'il
soit, de beauté, ne craignons pas de dire qu'une vérité
qui ne serait pas belle ne serait qu'un jeu logique de
notre esprit et que la seule vérité solide et digne de
ce nom, c'est la beauté.

Mais nous pouvons aller plus loin encore : nous
pouvons établir que l'existence abstraite, qui consiste
dans la nécessité mécanique, a besoin elle-même de
trouver un point d'appui dans l'existence concrète,
qui n'appartient qu'à l'ordre des fins, et qu'ainsi la
finalité n'est pas seulement une explication, mais la
seule explication complète de la pensée et de la nature.
Chaque phénomène, en effet, est déterminé mécani-
quement, non seulement par tous ceux qui le précèdent dans le temps, mais encore par tous ceux qui
l'accompagnent dans l'espace : car ce n'est qu'en vertu
de leur causalité réciproque que plusieurs phénomènes simultanés peuvent être l'objet de la même
pensée et faire partie du même univers. Or ces phénomènes sont, de part et d'autre, en nombre infini : car
un premier phénomène dans le temps serait celui qui
succéderait à un temps vide, de même qu'un dernier

phénomène dans l'espace devrait être contigu, au moins d'un côté, à l'espace lui-même : mais le temps et l'espace ne peuvent être en deçà ou au delà d'aucune chose, puisqu'ils ne sont point eux-mêmes des choses, mais de simples formes de notre intuition sensible. Il est évident, d'ailleurs, que la régression des effets aux causes doit remplir un passé infini, puisque chaque terme de cette régression n'a pas moins besoin que celui dont on part d'être expliqué par un précédent : l'explication mécanique d'un phénomène donné ne peut donc jamais être achevée, et une existence exclusivement fondée sur la nécessité serait pour la pensée un problème insoluble et contradictoire. Mais l'ordre des causes finales est affranchi de la contradiction qui pèse, en quelque sorte, sur celui des causes efficientes : car, bien que les diverses fins de la nature puissent jouer l'une à l'égard de l'autre le rôle de moyens et que la nature tout entière soit peut-être suspendue à une fin qui la surpasse, chacune de ces fins n'en a pas moins en elle-même une valeur absolue et pourrait, sans absurdité, servir de terme au progrès de la pensée. Ce n'est donc que dans son progrès vers les fins que la pensée peut trouver le point d'arrêt qu'elle cherche vainement dans sa régression vers les causes proprement dites ; et, si toute explication doit partir d'un point fixe et d'une donnée qui s'explique elle-même, il est évident que la véritable explication

des phénomènes n'est pas celle qui descend des causes
aux effets, mais celle qui remonte, au contraire, des
fins aux moyens. Il n'y a, en effet, aucun inconvénient
à remonter à l'infini de condition en condition, si l'on
rattache chacune de ces conditions, non à celle qui la
précède dans le temps, mais à celle qui la suit et qui
l'exige : car on est toujours libre de s'arrêter dans la
série de ces exigences, de même que, dans l'ordre du
temps et de la causalité, on ne pousse que jusqu'où
l'on veut la considération des effets d'une cause donnée. Sans doute, nous ne pouvons pas échapper à la
loi des causes efficientes, ni oublier que la fin n'exige
les moyens que parce qu'elle les suppose et ne les suppose que parce qu'ils la produisent : et, d'un autre
côté, lorsqu'on voit le point de départ de cette production prétendue reculer à l'infini devant le regard
de la pensée, on est bien obligé de convenir qu'elle
n'est qu'une illusion de notre entendement, qui renverse l'ordre de la nature en essayant de le comprendre. Les vraies raisons des choses, ce sont les fins,
qui constituent, sous le nom de formes, les choses
elles-mêmes : la matière et les causes ne sont qu'une
hypothèse nécessaire, ou plutôt un symbole indispensable, par lequel nous projetons dans le temps et dans
l'espace ce qui est, en soi, supérieur à l'un et à l'autre.
L'opposition du concret et de l'abstrait, de la finalité
et du mécanisme, ne repose que sur la distinction de

nos facultés : une pensée qui pourrait renoncer à elle-
même pour se perdre, ou plutôt pour se retrouver
tout entière dans les choses, ne connaîtrait plus d'autre
loi que l'harmonie ni d'autre lumière que la beauté.

Ce n'est donc pas, comme nous l'avions cru, l'universelle nécessité, c'est plutôt la contingence universelle qui est la véritable définition de l'existence,
l'âme de la nature et le dernier mot de la pensée. La
nécessité réduite à elle-même n'est rien, puisqu'elle
n'est pas même nécessaire ; et ce que nous appelons
contingence, par opposition à un mécanisme brut et
aveugle, est, au contraire, une nécessité de convenance et de choix, la seule qui rende raison de tout,
parce que le bien seul est à lui-même sa raison. Tout
ce qui est doit être, et cependant pourrait, à la rigueur,
ne pas être : d'autres possibles, suivant Leibniz, pré-
tendaient aussi à l'existence et ne l'ont pas obtenue,
faute d'un degré suffisant de perfection : les choses
sont à la fois parce qu'elles le veulent et parce qu'elles
le méritent.

VII

La loi des causes finales va maintenant nous fournir, sur la nature des phénomènes eux-mêmes, certaines indications, qui serviront peut-être à compléter
celles que nous avons tirées de la loi des causes efficientes.

Nous ne pouvons nous représenter que de trois manières le rapport qui s'établit, dans un système de phénomènes, entre la fin et les moyens : ou, en effet, la fin exerce sur les moyens une action extérieure et mécanique : ou cette action est exercée, non par la fin elle-même, mais par une cause qui la connaît et qui désire la réaliser : ou enfin les moyens se rangent d'eux-mêmes dans l'ordre convenable pour réaliser la fin. La première hypothèse est absurde, puisque l'existence de la fin est postérieure dans le temps à celle des moyens ; la seconde est inutile et se confond avec la troisième : car la cause à laquelle on a recours n'est qu'un moyen, qui ne diffère pas essentiellement des autres et auquel on accorde, par une préférence arbitraire, la spontanéité qu'on leur refuse. Cette cause, dit-on, connaît la fin qu'elle réalise : mais ce n'est pas parce qu'elle la connaît qu'elle la réalise : l'objet de sa connaissance ne peut devenir le terme de son action que si elle se le représente comme un bien, et elle ne peut se le représenter comme un bien que si cet objet sollicite son activité par lui-même et par un attrait indépendant de toute connaissance. Tout phénomène ou, ce qui revient au même, tout mouvement est donc le produit d'une spontanéité qui se dirige vers une fin : mais une spontanéité qui se dirige vers une fin est une tendance, et une tendance qui produit un mouvement est une force : tout phéno-

mène est donc le développement et la manifestation
d'une force. Cette nouvelle définition des phénomènes, loin de détruire celle que nous avons admise
plus haut, achève de nous la faire entendre : car le
mouvement lui-même ne subsiste que par la force, en
vertu de laquelle le mobile sort à chaque instant de
la place qu'il occupe pour entrer dans une autre. Il y
a, en effet, dans tout mouvement deux choses qu'il
est impossible de séparer et qu'il importe cependant
de ne pas confondre : l'une est la production, en général, d'un mouvement, qui s'ajoute à la somme des
mouvements antérieurs ; l'autre est la détermination
particulière de ce mouvement à une certaine direction et à une certaine vitesse. Or nous avons bien
expliqué pourquoi un mouvement qui succède à un
autre doit conserver autant que possible la même direction et la même vitesse : mais pourquoi cette succession, sinon parce que chaque mouvement enveloppe une tendance à un mouvement ultérieur, et
pourquoi cette tendance elle-même, sinon parce que
chaque état de la nature ne s'explique que par celui
qui le suit et son existence tout entière, que par un
progrès continu dans l'harmonie et dans la beauté ?
Le mouvement ne répond à la loi des causes efficientes qu'en tant qu'il est toujours un et équivalent
à lui-même : en tant qu'il est toujours divers et qu'il
ne cesse d'offrir un nouvel objet à la pensée, il n'a

plus rien de nécessaire ni de mécanique, mais il appartient exclusivement au dynamisme et à la téléologie de la nature.

Nous avons considéré plus haut les qualités secondes comme des modes du mouvement : nous devons les considérer maintenant, non comme des modes, mais comme des effets de la force : la première explication entraîne la seconde, qui, à son tour, complète la première. Si, en effet, ces qualités ne reposaient que sur le mouvement, il serait impossible de comprendre comment elles nous affectent par des sensations d'une intensité appréciable : car le mouvement est, en lui-même, un phénomène purement extensif, qui ne s'adresse qu'à notre imagination et qui n'appartient pas à l'ordre de la qualité, mais à celui de la quantité. Il faut donc, ou que ces sensations, en tant que telles, n'aient aucun fondement hors de nous, ou qu'il y ait quelque chose d'intensif dans les phénomènes dont elles procèdent : mais ce quelque chose ne peut être que l'action d'une force, et cette action ne peut s'exercer que sur une autre force, qui agit à son tour sur la première. Toute sensation est la conscience, au moins indirecte, du conflit de deux forces : mais nous avons une conscience directe de ce conflit lorsque nous déployons un effort volontaire, soit pour produire un mouvement et surmonter une résistance, soit pour résister nous-mêmes au mouve-

ment d'un corps qui pousse ou entraîne le nôtre.
Nous percevons alors tout à la fois le mouvement par
le mouvement et la force par la force ; et nous nous
trouvons en présence d'un monde qui nous est, pour
ainsi dire, deux fois extérieur, puisque notre propre
force ne nous paraît pas moins distincte des forces
étrangères que toutes ces forces ensemble de nous-
mêmes et de notre pensée. Le sens commun a donc
raison, non seulement contre l'idéalisme vulgaire,
mais encore contre ce qu'on pourrait appeler l'idéalisme mathématique de Descartes : le véritable monde
ne se compose ni de pures sensations ni même
d'idées claires, mais d'actions physiques et réelles,
dont le mouvement n'est que la mesure et dont tout
le reste n'est que l'apparence. Mais un monde de réa-
lités physiques n'est pas un monde d'entités méta-
physiques : la force n'est pas plus une chose en soi
que le mouvement, ou plutôt la force et le mouvement ne sont que les deux faces opposées du même
phénomène, saisi par le même sens, d'un côté sous la
forme du temps et de l'autre sous celle de l'espace.
Nous ne connaissons d'autre existence absolue que la
double loi des causes efficientes et des causes finales :
mais nous ne pouvons comprendre la finalité que si
elle se réalise dans la tendance au mouvement, de
même que nous ne pouvons nous représenter la nécessité que sous la figure du mouvement lui-même.

Entre l'unité extensive de la pensée et la diversité des apparences sensibles il fallait un moyen terme, et nous l'avons trouvé dans le mouvement : entre cette même diversité et l'unité intensive de la pensée il en fallait un second, et nous venons de le trouver dans la force.

Dans une nature où tout est à la fois nécessité et finalité, mouvement et tendance, le mécanisme physiologique n'exclut pas la vie, et la liberté peut se concilier avec le déterminisme des actions humaines.

Un être vivant, à ne le considérer que du dehors, est un corps organisé, c'est-à-dire composé de parties hétérogènes dont chacune concourt, par un genre particulier de mouvements, à la conservation du tout. L'organisation n'est donc qu'une forme de la finalité : mais, si la finalité est, dans tous les phénomènes, le ressort caché du mécanisme, il n'y a rien dans la formation d'un organisme qui excède le pouvoir ordinaire de la nature et qui exige l'intervention d'un principe spécial. Dira-t-on qu'il y a un abîme entre un caillou informe et le plus humble des végétaux? Sans doute : mais ce caillou n'est pas un être complet : ce n'est qu'un fragment détaché de l'une des couches qui composent l'écorce de notre globe ; ce globe fait partie à son tour d'un système planétaire, et qui sait si un tel système n'est pas une ébauche et un rudiment d'organisme ? Nous

ne prétendons, du reste, ni combler l'intervalle qui
sépare la matière brute de la matière vivante, ni
expliquer comment la nature a réussi à le franchir :
mais nous n'hésitons pas à affirmer qu'elle devait le
franchir, et qu'elle devait même créer une hiérarchie d'organismes analogue, sinon semblable, à celle
que nous connaissons. La loi des causes finales exige,
en effet, de la part des phénomènes, non un degré
quelconque, mais le plus haut degré possible d'ordre
et d'harmonie : or le progrès de l'organisation consiste précisément dans la multiplicité croissante des
mouvements qui composent un seul système et que
nous embrassons dans une seule perception. Mais la
vie a un caractère plus intérieur et, en quelque sorte,
plus spirituel que l'organisation : elle consiste surtout, ce semble, dans la tendance de chaque organe
à remplir la fonction qui lui est assignée et c'est cette
tendance que l'on croit expliquer en la réalisant, sous
le nom de force vitale, dans un principe distinct de
l'organisme. Or nous savons déjà que tout phénomène est le produit d'une force : nous sommes donc
tout prêts à reconnaître dans les phénomènes vitaux
l'action d'une force vitale : nous ne contestons même
pas l'unité de cette force, et cependant nous croyons
qu'elle n'est pas substantiellement distincte des forces
motrices qui agissent dans chacune des molécules
vivantes. Si, en effet, la force était une chose en soi,

il serait contradictoire de se la représenter comme une et multiple à la fois : mais, si elle n'est que la tendance du mouvement vers une fin, on peut admettre sans contradiction qu'il y a dans l'univers autant de forces que de mouvements et que plusieurs mouvements qui tendent vers une seule fin sont l'expression d'une seule force. C'est ainsi que l'on peut concilier, dans l'explication des phénomènes célestes, la théorie de l'impulsion avec celle de l'attraction universelle ; c'est ainsi que l'on peut maintenir la hiérarchie entière des forces chimiques et vitales, à titre, non d'entités, mais d'idées directrices et de désirs efficaces de la nature. Mais chacune de ces forces n'en subsiste pas moins réellement et en elle-même : elles ne sont point les résultantes de plus en plus complexes d'un certain nombre de forces simples, car cette simplicité prétendue n'est que le terme imaginaire d'une résolution indéfinie, et il n'y a pas plus d'atomes de force que d'atomes d'étendue. Ce ne sont pas les puissances supérieures de la nature qui résultent de l'union accidentelle des puissances inférieures : ce sont, au contraire, les secondes qui sont contenues éminemment dans l'unité essentielle des premières et qui ne s'en dégagent que par une sorte de morcellement ou, pour mieux dire, de réfraction.

Cependant la vie présente, au moins sous sa forme

la plus élevée, un troisième caractère : l'animal se
perçoit lui-même, il perçoit plus ou moins distinctement les êtres qui l'entourent : n'a-t-il donc pas
une âme, qui s'oppose à la fois à son propre corps
et aux corps étrangers, ou peut-on, sans absurdité,
accorder à la matière le plus faible degré de conscience? La réponse est bien simple : le mouvement
développé dans l'étendue n'a pas conscience de lui-
même, parce qu'il est, pour ainsi dire, tout entier hors
de lui-même : mais le mouvement concentré dans
la force est précisément la perception, telle que l'a
définie Leibniz, c'est-à-dire l'expression de la multitude dans l'unité. On pourrait donc soutenir qu'il n'y
a pas de force qui ne se perçoive elle-même, en
percevant le mouvement qu'elle engendre : mais
l'existence de la perception proprement dite paraît
attachée à deux conditions particulières, que la nature
n'a réalisées que par degrés et l'une après l'autre.
Il faut d'abord que la force et le mouvement, au
lieu de se disperser dans le temps et dans l'espace,
se rassemblent dans un certain nombre de systèmes ;
et il faut ensuite que le détail de ces systèmes se
ramasse encore en se réfléchissant dans un petit
nombre de foyers, où la conscience s'exalte par une
sorte d'accumulation et de condensation. Dira-t-on
que, lors même que chacune des forces qui composent un centre nerveux serait douée de conscience,

il est impossible de comprendre comment toutes ces consciences isolées se confondent en une seule? Ce serait oublier encore une fois que la force n'est pas une chose en soi et que, si l'on peut dire qu'il y a plusieurs forces là où il y a plusieurs mouvements, il est également juste de dire qu'il n'y en a qu'une là où il n'y a qu'un système et qu'une idée de la nature. Nous sommes donc parfaitement libres d'admettre que la conscience réside dans une force unique et de donner même à cette force le nom d'âme : mais nous ne devons pas oublier que ce nom ne désigne que l'unité dynamique de l'appareil perceptif, de même que la vie proprement dite n'est que l'unité dynamique de l'organisme tout entier. Cette âme n'en est pas moins, même chez les animaux inférieurs, profondément distincte du corps : car, non seulement elle concentre à chaque instant dans son unité tout le détail de leurs mouvements organiques, mais, en mêlant à l'obscure conscience de leur état présent une conscience plus obscure encore de leurs états passés, elle leur donne comme une seconde vie, qui recueille et conserve tout ce qui s'écoule de la première. Mais à mesure que l'appareil perceptif devient plus ferme et plus délicat, l'âme étend, avec la sphère de son action, celle de son existence : les images distinctes des objets extérieurs se combinent, dans une proportion toujours croissante, avec les impressions confuses qui procèdent des viscères, de sorte que l'on peut dire des animaux les plus parfaits qu'ils existent à la fois en eux-mêmes et dans tout ce qui les entoure. Dans l'homme, la nature fait un pas de plus : en substituant à un jeu d'images trop borné et trop assujetti aux influences organiques des signes toujours disponibles, et qui suffisent pour représenter tous les êtres parce qu'ils n'en représentent que les caractères généraux, elle achève de dégager l'âme du corps pour la répandre en quelque façon sur tout l'univers. Sans doute, cette âme, identique aux choses qu'elle représente et qui n'est, suivant la pensée d'Aristote, que la forme des formes, n'est pas celle pour laquelle nous espérons un avenir éternel : mais cette sublime espérance ne peut se justifier que par des considérations morales, qui sont absolument étrangères à l'objet de cette étude.

C'est aussi en dehors de toute considération morale que nous essaierons de concilier la liberté, dont chacun de nous a conscience dans la poursuite des biens sensibles, avec le déterminisme, sans lequel l'homme cesserait d'être une partie de la nature. Cette conciliation est, du reste, préparée par celle que nous venons d'établir entre le mécanisme et la vie : car on pourrait dire que la nature fait preuve d'une sorte de liberté chaque fois qu'elle produit d'elle-même et sans modèle une nouvelle forme organique. Il y a aussi quelque chose de libre dans l'art que déploient un grand nombre d'animaux pour construire leur demeure ou surprendre leur proie : mais on ne peut pas dire que cette liberté leur appartienne, parce que la nature a formé pour eux, et une fois pour toutes, le plan d'après lequel ils travaillent. La liberté semble consister, en effet, dans le pouvoir de varier ses desseins et de concevoir des idées nouvelles ; et la loi des causes finales exigeait absolument qu'il existât une telle liberté, puisque l'unité systématique de la nature ne pouvait se réaliser que par une suite d'inventions originales et de créations proprement dites. Seulement il y a dans la nature deux sortes d'idées : il y en a, comme celles que l'on a appelées organiques, qui sont des êtres en même temps que des idées et qui produisent elles-mêmes, par une action immédiate et intérieure, la forme sous laquelle elles se manifestent. Il y en a d'autres, au contraire, qui sont de pures idées et qui se bornent à diriger l'action d'un être dans lequel elles résident : telle est, par exemple, l'idée du nid, qui n'existe par elle-même que dans l'imagination de l'oiseau et qui n'est que la règle des mouvements par lesquels il la réalise dans une matière étrangère. Or, tant que l'homme n'a pas paru sur la terre, la nature se montre surtout prodigue d'idées réelles, c'est-à-dire qu'elle crée une immense variété d'espèces végétales et

J. LACHELIER.   6

animales, tandis qu'elle ne donne à chacune de ces
dernières qu'un petit nombre de types d'action à peu
près invariables, qui composent ce que l'on appelle
son instinct. Mais l'avènement de l'humanité renverse
le rapport de ces deux sortes d'idées : car, d'une
part, nous ne voyons plus naître aucune espèce nouvelle et, de l'autre, le privilège de notre intelligence
est d'inventer à son tour et de concevoir un nombre
infini de pures idées, que notre volonté s'efforce ensuite de réaliser au dehors. L'oiseau ne construit que
son nid, qui est une sorte de prolongement de son propre
corps : l'homme change la face de la terre et fabrique
pour son service des corps analogues au sien, qu'il
anime d'une sorte de vie empruntée et artificielle.
Mais ce qu'il y a de plus remarquable, c'est que ses
idées ne se rapportent pas toutes à sa conservation :
celles de ses œuvres auxquelles il attache le plus de
prix sont précisément celles qui le surpassent, en
quelque sorte, et qui lui présentent l'image embellie
de ses traits ou de ses actions. La fécondité de la
nature se retrouve donc tout entière, quoique sous
une autre forme, dans la liberté de l'homme ; et
cette transformation est un progrès en même temps
qu'une décadence, puisqu'il était réservé au travail
superficiel de l'homme d'introduire dans les choses
un degré d'harmonie et de beauté qui manquait
encore aux œuvres vivantes de la nature. Mais, si la

nature n'a eu qu'à laisser agir les lois du mouvement pour varier à l'infini la constitution intérieure des êtres qu'elle a créés, pourquoi l'homme ne pourrait-il, sans déroger à ces mêmes lois, varier ses actes extérieurs et la forme qu'il imprime aux corps qui l'entourent ?

On trouvera peut-être que cette explication de la liberté ne répond guère à la définition que l'on en donne ordinairement : mais il n'est pas difficile de montrer que cette définition est fausse et que, faute de voir la liberté où elle est, on la cherche où elle n'est pas et où elle ne peut pas être. Le miracle de la nature, en nous comme hors de nous, c'est l'invention ou la production des idées ; et cette production est libre, dans le sens le plus rigoureux du mot, puisque chaque idée est, en elle-même, absolument indépendante de celle qui la précède et naît de rien, comme un monde. Maintenant il est certain que l'homme ne se trouve pas, à l'égard des idées qu'il produit, dans la même situation que les animaux à l'égard de celles que la nature leur a données : car ces derniers n'ont, pour chaque genre d'action, qu'un type dont ils ne s'écartent jamais et qu'ils réalisent, non par une volonté réfléchie, mais sous l'influence d'une sorte de fascination. L'homme seul veut avant d'agir, parce que seul il peut, à l'aide du langage, se représenter distinctement son action future ; et il ne

veut qu'après avoir délibéré, c'est-à-dire comparé
plusieurs manières d'agir également possibles, parmi
lesquelles il choisit celle qui lui semble la meilleure.
Or c'est dans ce choix, ou dans la volonté qui en est
inséparable, que la plupart des philosophes placent
aujourd'hui la liberté ; et cette liberté consiste, suivant eux, en ce que la volonté détermine l'action qui
la suit sans être déterminée elle-même par la délibération qui la précède. Nous avons déjà rejeté, au
nom de l'expérience, l'hypothèse d'un choix arbitraire
qui rendrait la délibération inutile et la volonté dé-
raisonnable : mais cette erreur psychologique, insoutenable si on la considère en elle-même, emprunte
toute sa force à une erreur métaphysique, qu'il est
beaucoup plus difficile de déraciner. On trouve que les
idées sont quelque chose de trop subtil pour subsis-
ter en elles-mêmes et pour susciter par elles-
mêmes l'action qui les réalise : on fait donc de
la volonté une substance, ou du moins la faculté
d'une substance, dont elles ne sont que l'accident
et qui produit, à titre de cause efficiente, ce qu'on
les déclare incapables de produire à titre de causes
finales. On convertit ainsi dans l'homme et, par
une irrésistible analogie, dans le reste de l'univers, la finalité en mécanisme ; et l'on viole en même
temps la loi fondamentale du mécanisme, puisqu'on
attribue à la volonté le pouvoir de commencer une

série de phénomènes qui ne se rattache à aucune autre. La volonté, telle que nous l'avons définie, n'est ni une chose en soi, ni même une puissance concrète et active : elle n'est que la réflexion d'une tendance sur elle-même, et c'est par une sorte d'idolâtrie de l'entendement que l'on cherche dans cette réflexion le principe de l'action qu'elle éclaire. Nous pouvons bien éprouver une sorte de conflit entre plusieurs tendances, mais nous n'avons pas besoin de le terminer par une décision arbitraire : ce n'est pas seulement en nous que les possibles luttent pour parvenir à l'existence et le discours intérieur, qui les distingue et qui les compare, ne prononce pas entre eux plus sûrement que la sagesse muette de la nature. L'invention seule est libre, parce qu'elle ne dépend que d'elle-même et qu'elle décide de tout le reste ; et ce qu'on appelle notre liberté est précisément la conscience de la nécessité en vertu de laquelle une fin conçue par notre esprit détermine, dans la série de nos actions, l'existence des moyens qui doivent à leur tour déterminer la sienne.

Ainsi l'empire des causes finales, en pénétrant, sans le détruire, dans celui des causes efficientes, substitue partout la force à l'inertie, la vie à la mort et la liberté à la fatalité. L'idéalisme matérialiste, auquel nous nous étions un instant arrêtés, ne représente que la moitié, ou plutôt que la surface des

6.

choses : la véritable philosophie de la nature est, au
contraire, un réalisme spiritualiste, aux yeux duquel
tout être est une force et toute force une pensée qui
tend à une conscience de plus en plus complète d'elle-
même. Cette seconde philosophie est, comme la première, indépendante de toute religion : mais, en su-
bordonnant le mécanisme à la finalité, elle nous
prépare à subordonner la finalité elle-même à un
principe supérieur et à franchir par un acte de foi
morale les bornes de la pensée en même temps que
celles de la nature.

PSYCHOLOGIE

ET

MÉTAPHYSIQUE

Le nom de psychologie est récent, mais les questions et les recherches dont ce nom réveille l'idée sont aussi anciennes que la philosophie et ne pouvaient manquer d'y occuper de bonne heure une place considérable. La philosophie, en effet, a toujours voulu être la science de toutes choses : or la vie, le sentiment, la pensée sont des choses ou, si on l'aime mieux, des faits aussi réels que les mouvements des astres ; et, si ces faits ne se produisent pas dans l'espace, à côté et en dehors des choses matérielles, ils constituent pour beaucoup d'entre elles une sorte d'existence intérieure, qui n'a pas moins d'intérêt aux yeux du philosophe que leur existence extérieure et visible. De plus, puisque la philosophie se propose d'expliquer *toute* la réalité, il faut bien qu'elle en cherche la dernière raison dans quelque chose qui ne soit plus réel et qui soit, par conséquent, une pure idée : or nous trouvons en nous-mêmes certaines idées très générales qui nous semblent, en effet, dominer et expliquer toutes choses : il est vrai que nous pouvons douter si ces idées sont antérieures ou postérieures aux choses, si elles en sont le modèle ou la copie : mais, ce qui n'est pas douteux, c'est que, s'il y a une raison idéale des choses et si cette raison nous est accessible, c'est en nous-mêmes que nous devons la chercher. Depuis Platon jusqu'à Descartes la partie la plus élevée de la psychologie n'a fait qu'un avec la métaphysique.

Il importe peu de savoir à qui la psychologie doit le nom qu'elle porte aujourd'hui : mais c'est certainement à M. Cousin qu'elle doit le rôle prépondérant qu'elle joue, sous ce nom, dans la philosophie française. M. Cousin, au début de sa carrière, se proposa une double tâche : il voulut à la fois créer, ou du moins organiser définitivement l'étude expérimentale des faits de conscience et faire de cette étude une sorte d'introduction aux autres parties de la philosophie et, en particulier, à la métaphysique. Il admettait, avec tout le xviiie siècle, que nous ne pouvons connaître immédiatement que des faits : mais il croyait en même temps que l'étude des faits de conscience avait une tout autre portée et pouvait nous ouvrir sur la nature des choses de tout autres perspectives que

celle des phénomènes du monde extérieur. Là où Condillac n'avait vu qu'un genre de faits : la sensation, il
en distingua trois, les « faits sensibles », les « faits
volontaires » et les « faits rationnels » : et ces deux
derniers genres de faits furent pour lui quelque
chose de très différent de ce que les sciences d'observation entendent ordinairement par ce mot. Dans les
« faits volontaires », il crut saisir la volonté libre, pouvoir permanent, condition et sujet de toute conscience, qui constitue en nous la personne ou le *moi :*
dans les « faits rationnels », la conscience lui parut
s'élever, en quelque sorte, au-dessus d'elle-même et
s'identifier avec la raison ou la vérité absolue, telle
qu'elle existe à la fois en Dieu et dans l'univers. Une
fois parvenu à cette hauteur, rien n'empêchait M. Cousin de renouveler, ou même de dépasser les hardiesses
de l'ancienne métaphysique : un instant, il crut avoir
démontré, par la méthode de Condillac, la philosophie
de Schelling ; plus tard il se réduisit, sur les choses
supra-sensibles, à cet ensemble d'affirmations et de
croyances que l'on est convenu de désigner par le
nom de spiritualisme. Mais il y a deux points sur lesquels il n'a jamais varié et dans lesquels se résume
toute sa pensée : nécessité de commencer l'étude de
la philosophie par la psychologie et possibilité de
passer, par la théorie de la raison, de la psychologie
à la métaphysique.

La science organisée par M. Cousin n'a pas cessé, après lui, d'être cultivée avec ardeur : mais des divergences notables se sont produites entre ses disciples et d'autres philosophes contemporains sur les limites, les procédés et surtout les résultats de cette science. Par faits de conscience, M. Cousin entendait ceux dont nous avons, ou du moins dont nous pouvons avoir une conscience réfléchie, comme une pensée ou une volonté : on s'est demandé si la psychologie ne devait pas étendre ses recherches à tous les phénomènes qui modifient, à un titre et à un degré quelconque, l'état interne d'un être vivant. L'observation recommandée par M. Cousin était exclusivement le retour du sujet pensant sur lui-même : on a cru que l'observation extérieure et indirecte, aidée elle-même par l'étude des cas extrêmes et morbides, par la comparaison des races humaines et des espèces animales, permettrait, d'une part, de saisir des phénomènes qu'aucune réflexion n'aurait jamais pu atteindre, de l'autre, de donner à la psychologie le caractère de précision scientifique qui lui avait trop longtemps manqué. Enfin, contre la doctrine psychologique de M. Cousin, s'est élevée peu à peu une doctrine nouvelle, ou plutôt celle-là même qu'il avait abattue s'est relevée, plus riche de faits et plus hardie dans ses hypothèses. La vie intérieure de l'homme s'est réduite encore une fois à la sensation, devenue elle-même la simple conscience d'un état organique: la volonté n'a plus été que la conscience d'un mouvement réflexe, la pensée, que le rapport de deux ou plusieurs sensations, la raison, qu'un résumé ou un extrait de l'expérience sensible. La psychologie a renoncé à chercher parmi les phénomènes de conscience des principes capables de nous conduire hors de la sphère des phénomènes ; et, comme ces principes, s'ils existent, ne peuvent exister que dans la conscience, en rompant tout lien avec la métaphysique, elle a sapé la base de toute métaphysique. La méthode empruntée par M. Cousin au xviiiᵉ siècle a fini par nous ramener, assez logiquement peut-être, à la philosophie du xviiiᵉ siècle.

Nous allons essayer de résumer, avec toute l'impartialité possible, les conclusions énoncées au nom de la même méthode par les deux psychologies rivales: nous nous demanderons ensuite jusqu'à quel point il serait possible de transformer et d'élargir, et ces conclusions elles-mêmes, et la méthode qui y conduit.

I

La doctrine psychologique fondée par M. Cousin et encore enseignée aujourd'hui par ses disciples peut se résumer, croyons-nous, dans les affirmations suivantes :

1° Nous observons en nous-mêmes certains faits d'un genre particulier, que nous appelons pensées, sentiments, volontés, qui ne se développent pas dans l'espace et ne sont visibles qu'à la conscience. L'existence de ces faits est aussi certaine, plus certaine même que celle des phénomènes du monde extérieur : car la connaissance que nous en avons est immédiate, tandis que nous ne connaissons les objets extérieurs que par l'intermédiaire de nos sensations. Il est possible que plusieurs de ces faits, ou même tous soient en rapport avec certains états de notre organisme : mais ils n'en sont pas moins distincts des phénomènes organiques auxquels ils correspondent, et l'étude exclusive de ces derniers ne nous en aurait jamais donné la moindre idée. Les faits de conscience forment, en un mot, un monde à part, et la science de ces faits doit être distincte de toutes les autres sciences, y compris la physiologie.

2° Les faits de conscience, à l'exception toutefois des « faits volontaires », sont soumis à des lois analogues à celles qui régissent le monde extérieur. Nous pouvons découvrir ces lois par le même procédé que les autres lois de la nature, c'est-à-dire en observant les faits et en remarquant ce qu'il y a de régulier dans leur succession. Nous rapportons, en général, les faits de conscience à certaines propriétés durables de notre être, que nous appelons facultés : mais, dans le

cas particulier des « faits volontaires », nous saisissons directement la cause productrice en même temps
que l'effet produit : nous avons conscience de notre
volonté comme d'une puissance active, et c'est à
l'image de cette puissance que nous nous représen-
tons nos autres facultés.

3° Notre volonté est libre. Nous ne voulons jamais
sans motifs, mais ce n'est pas le motif le plus puissant
par lui-même qui entraîne notre volonté : c'est, au
contraire, notre volonté qui, en se décidant pour l'un
des motifs, lui donne la prépondérance sur les autres.
Cette décision détermine en nous une nouvelle série
d'états de conscience, mais elle n'est pas déterminée
elle-même par l'état qui la précède : elle tire directement son origine de notre puissance absolue de vouloir. Nous avons conscience à la fois, et de notre volonté, et de notre décision, et de la liberté avec laquelle l'une procède de l'autre.

4° Non seulement notre volonté agit dans la production de nos actes libres, mais encore elle réagit
incessamment, par l'attention, sur nos sentiments et
nos pensées. D'un autre côté, elle est identique à
elle-même, et nous avons conscience de son identité
pendant toute la durée de notre vie. Elle devient ainsi
le centre fixe, le sujet durable auquel nous rapportons, à un titre ou à un autre, tous les modes de
notre existence intérieure. Dans l'absolu et aux yeux

de Dieu, nous sommes une substance, semblable aux
autres substances de la nature : pour nous-mêmes et
aux yeux de la conscience, nous sommes un sujet
actif et libre, une personne, un *moi*.

5° Nous avons des connaissances qui ne dérivent
pas exclusivement de l'expérience et qui sont dues,
au moins en partie, à une faculté spéciale appelée
raison. Tels sont les jugements par lesquels nous
affirmons que tout phénomène suppose une cause et
une substance : car l'idée de substance ne nous vient
ni des sens ni de la conscience, et, si la conscience
nous apprend que nous sommes une cause, elle ne
nous apprend pas qu'il y ait au monde d'autres causes
que nous. Tel est encore le jugement par lequel nous
affirmons que tous les phénomènes sont soumis à des
lois : car, si l'expérience témoigne d'une certaine régularité dans le cours de la nature, la raison seule
prononce que cette régularité s'étend à tous les phénomènes, sans exception possible, au moins dans le
monde physique. Tous nos jugements rationnels, quel
qu'en soit l'objet, sont universels et nécessaires et se
distinguent, par ce double caractère, de nos jugements empiriques.

6° Les connaissances que nous devons à notre raison ne sont pas seulement vraies à nos propres yeux:
elles correspondent à des vérités qui existent hors
de nous et dans la nature des choses. Sans doute,

lorsque nous réfléchissons sur ces connaissances et
que nous nous les approprions en quelque sorte par
cette réflexion, nous pouvons nous demander si leur
vérité n'est pas renfermée tout entière en nous-
mêmes : mais leur caractère primitif est d'être spontanées et impersonnelles ; et, sous cette forme, elles
ont le privilège de nous transporter hors de notre
propre conscience et de nous faire entrer en commu-
nication avec la raison universelle. Nous n'avons donc
aucun motif de douter de la valeur objective de nos
connaissances rationnelles, et ce doute, purement spéculatif, est, en effet, démenti par la croyance irrésistible de tous les hommes.

Spiritualité et liberté en nous, raison en nous et
hors de nous, tel pourrait être le résumé de ce résumé
et de toute la psychologie de M. Cousin.

II

Tout ce que M. Cousin affirmait au nom de l'expérience intérieure, une nouvelle psychologie le nie au
nom de cette même expérience. Nous allons opposer
successivement chaque négation à l'affirmation cor-
respondante, mais en renversant l'ordre que nous
avons suivi tout à l'heure.

6° Comment, d'abord, dans une science qui n'a pour
objet que les faits de conscience, peut-il être question

de vérités situées hors de notre esprit et d'actes par
lesquels nous sortons de nous-mêmes pour les atteindre ? Ou nous avons conscience de ces actes et
de ces vérités, et cette conscience les frappe du caractère de subjectivité dont on voulait les affranchir : ou
nous n'en avons pas conscience, et ils sont alors pour
nous comme s'ils n'étaient pas. Dira-t-on qu'il faut
bien que nos connaissances rationnelles correspondent à un objet extérieur, puisque autrement elles
n'auraient pas plus de valeur objective que des
rèves ? Nous répondrons que cet argument est fondé
sur une équivoque : il faut assurément, pour qu'une
connaissance soit vraie, qu'elle se rapporte à un objet
distinct d'elle, mais il n'est pas nécessaire que cet
objet soit transcendant et extérieur à notre esprit : il
faut, au contraire, qu'il tombe lui-même sous les
prises de notre conscience afin que nous puissions
vérifier, en la confrontant avec lui, la connaissance
qui le représente. En fait, l'objet commun de toutes
nos pensées, c'est le monde des phénomènes ou de
l'expérience : une pensée est vraie pour nous quand
elle est l'expression d'un événement réel ; elle est
fausse quand nous ne pouvons trouver dans le monde
sensible aucune réalité à laquelle elle corresponde.
Supposons donc avec M. Cousin que nous possédions certaines connaissances à priori : la valeur objective de ces connaissances ne pourra consister,

comme celle de toutes les autres, que dans leur accord avec les phénomènes : seulement, tandis que nos connaissances se règlent ordinairement sur leurs objets, il faudra, si celles dont on parle sont véritablement à priori, que ce soient, au contraire, les phénomènes qui se règlent sur elles. C'est précisément ainsi que l'a entendu Kant, lorsqu'il a entrepris d'établir, et non, comme on l'a cru, de détruire la valeur objective des principes de notre entendement : quant à ce qui est de savoir si ces principes correspondent à des vérités transcendantes, c'est une question qu'il est probablement inutile de poser et qui dépasse, en tout cas, les limites de la psychologie.

5° Est-il même permis d'affirmer au nom de l'observation intérieure l'existence d'une classe particulière de connaissances à priori ? Ces connaissances, dans la psychologie de M. Cousin, sont de deux sortes : les unes, comme le « principe de substance » et le « principe de cause », sont relatives à des choses en soi ; les autres, comme le principe d'induction, ont leur objet dans le monde des phénomènes. Or il nous semble que les premières, si elles existent réellement dans notre esprit, méritent le nom de *croyances* plutôt que celui de *connaissances* : il est possible, en effet, qu'elles correspondent à des objets, mais il nous est impossible de nous en assurer, puisque ces objets sont situés, par hypothèse, hors de la sphère de notre conscience. Un jugement comme le principe d'induction peut, au contraire, prétendre au titre de connaissance, car il ne tient qu'à nous de nous assurer que les choses se passent dans la nature conformément à ce principe : mais cette connaissance doit-elle être dite à priori ou à posteriori ? Admettez-vous, avec Kant, que l'esprit dicte des lois à la nature et qu'il suffit qu'un principe soit posé dans notre entendement pour que les phénomènes soient obligés de s'y conformer ? Dites alors, vous le pouvez, que le principe d'induction nous fait connaître à priori l'ordre qui règne dans l'univers : mais avouez du moins que l'influence que vous attribuez à ce principe sur la marche des choses n'est pas un objet d'observation psychologique. Admettez-vous, au contraire, que nous commençons par affirmer le principe d'induction au nom de la raison et que nous apprenons en-suite, par une expérience de tous les jours, que la nature ne manque jamais d'y obéir ? Alors vous convenez que c'est l'expérience qui donne à ce principe sa valeur objective et que, s'il existe à priori dans notre esprit, il n'acquiert qu'à posteriori le titre et le rang de con-naissance. Mais quelle apparence y a-t-il que la raison affirme ce qu'elle est incapable d'établir et qu'un principe qui tire sa valeur de l'expérience n'en tire pas également son origine ? Direz-vous que nous ap-pliquons ce principe à tous les phénomènes sans

exception ? Quoi d'étonnant, si nous n'avons jamais
vu aucun phénomène y déroger ? Direz-vous qu'il
s'impose à notre esprit avec une force irrésistible ?
Ici encore il y a une équivoque : car, si cette force est
absolument irrésistible, nous vous accordons qu'elle
ne peut pas être le résultat d'une expérience, quelque
prolongée qu'elle soit : mais comment décider par le
témoignage de la conscience si une tendance de notre
esprit est absolument ou relativement irrésistible ?
Comment aussi s'assurer qu'un jugement qui paraît
devancer notre expérience personnelle n'a pas sa racine dans l'expérience de l'humanité, accumulée pendant des siècles et incorporée en quelque sorte à
notre organisme cérébral ? Nous n'avons donc aucun
motif pour admettre, sous le nom de *raison*, une faculté originale, à moins que cette faculté ne soit celle
de porter sur les choses en soi des jugements dont la
valeur et l'existence même échappent à toute discus-
sion.

4° Il est certain que nous nous regardons comme
une seule et même personne à toutes les époques de
notre vie : mais cette identité que nous nous attribuons suppose-t-elle nécessairement en nous l'existence d'un élément fixe, d'un *moi* réel et durable?
Remarquons d'abord que les faits déposent formelle-
ment contre cette dernière hypothèse. Un homme qui
dort n'a pas de *moi*, ou n'a qu'un *moi* imaginaire qui

s'évanouit à son réveil; un coup à la tête suffit, en
paralysant le souvenir, pour creuser entre le *moi* d'aujourd'hui et celui d'hier un abîme infranchissable; on
connaît enfin le cas de certaines malades pourvues
de deux *moi* qui alternent en elles et dont un seul connaît l'existence de l'autre. Admettons, d'ailleurs, que
nous ayons, comme on l'assure, conscience de notre
liberté et que ce soit cette liberté qui constitue notre
moi : il est évident qu'un tel *moi* n'aura aucun caractère individuel qui nous permette de le distinguer du
moi d'autrui et de le reconnaître pour le même d'une
époque de notre vie à une autre. Dire que nous rapportons nos états internes à notre *moi* reviendra exactement à dire que nous les rapportons à un *moi* ou à
un sujet en général ; et si, par quelque opération sur-
naturelle, le *moi* d'un autre homme venait à être mis
à la place du nôtre, il nous serait, dans cette hypothèse, absolument impossible de nous en apercevoir.
Il n'y a que deux choses qui établissent, en fait, notre
identité à nos propres yeux : la permanence de notre
caractère et l'enchaînement de nos souvenirs. Nous
avons une manière particulière de réagir sur nos impressions, un *indice*, pourrait-on dire, *de réfraction
morale*, qui affecte tous nos états internes et qui leur
imprime notre marque personnelle : aussi n'hésitons-
nous pas à nous reconnaître dans un état passé qui
porte encore cette marque et dont le souvenir a con-

servé, pour ainsi dire, la teinte caractéristique de notre conscience. De plus, nos souvenirs forment, au moins pour la partie la plus récente de notre vie, une chaîne continue ; nous voyons notre état actuel naître d'un précédent, celui-ci d'un état antérieur, et ainsi de suite : la conscience s'étend ainsi de proche en proche dans le passé et se l'approprie à mesure qu'elle le rattache au présent. Mais le passé, en s'éloignant, se disjoint et se décolore : nous avons alors recours à ce qu'on pourrait appeler la liaison objective de nos souvenirs : nous nous disons que telle scène qui, en elle-même, nous semble un rêve doit cependant faire partie de notre histoire, parce qu'elle s'explique parfaitement par ce qui précède et est nécessaire. elle-même pour expliquer ce qui suit. Nous rentrons ainsi indirectement en possession de notre passé, mais nous nous y voyons comme du dehors et sans nous y sentir : enfin, là où tout point d'attache et, à plus forte raison, là où tout souvenir nous fait défaut, le passé cesse entièrement d'exister pour nous, et notre prétendu *moi* s'anéantit avec lui. Notre identité personnelle n'est donc pas, comme on l'a cru, une donnée primitive et originale de notre conscience : elle n'est que l'écho, direct ou indirect, continu ou intermittent, de nos perceptions passées dans nos perceptions présentes. Nous ne sommes à nos propres yeux que des phénomènes qui se souviennent les uns des autres, et nous

7.

devons reléguer le *moi* parmi les chimères de la psychologie, comme la substance parmi les chimères de
la métaphysique.

3° Nous croyons inutile de rassembler ici les arguments que l'on a opposés, avant et après M. Cousin,
à la doctrine psychologique de la liberté : nous trouvons même un peu étrange qu'un débat qui paraissait
clos par l'accord de Leibniz et de Kant ait été rouvert
par des philosophes d'une autorité assurément moins
considérable. On sait avec quelle force Leibniz avait
établi le déterminisme universel, et l'on sait aussi
combien était profond chez Kant le sentiment de la
responsabilité humaine : cependant Kant n'a pas même
songé à discuter, sur ce point, la doctrine de Leibniz ;
et il n'a pas vu d'autre moyen de sauver la liberté, à
laquelle il tenait par-dessus tout, que de la placer dans
une région supérieure à celle des phénomènes et du
déterminisme. Au reste, les modernes défenseurs de
la liberté empirique semblent eux-mêmes assez em-
barrassés de leur rôle : ils ne demandent pas mieux
que de faire au déterminisme sa part et croient la lui
faire en disant que nous ne nous déterminons jamais
sans motifs, bien que ce ne soient pas les motifs qui
nous déterminent. Mais, de deux choses l'une : ou
nous nous déterminons toujours en faveur du motif
qui nous paraît le plus fort, et les partisans du déterminisme n'en demandent pas davantage : ou nous fai-

sons entre les motifs eux-mêmes un choix sans motif,
et l'on revient par un détour à la doctrine de la liberté
d'indifférence. Or nous ne disons pas que la liberté
d'indifférence soit fausse et impossible en elle-même :
nous disons seulement qu'elle ne peut pas être cons-
tatée comme un fait de conscience et qu'elle est
fausse, par conséquent, aux yeux de la psychologie.
Un acte de pure liberté serait, en effet, un acte indépendant de toute manière innée ou acquise de penser
et de sentir : il serait donc étranger à tout ce qui constitue notre caractère personnel, et nous n'aurions aucune raison de nous l'attribuer et de nous en croire
responsables. De plus, dire qu'un acte est libre, c'est
dire qu'il est indéterminé à quelque égard ou qu'il
procède de quelque chose d'indéterminé : mais l'indé-
termination en tant que telle n'est rien d'actuel ni, par
conséquent, d'observable : elle n'est pas un fait, elle
est un pur néant aux yeux de la conscience. Nous
n'avons, en réalité, conscience que d'une chose, c'est
que notre conduite peut être déterminée, non seulement par des appétits, mais encore par des pensées :
il est donc vrai de dire que nous n'agissons pas comme
les animaux et que les hommes sages et réfléchis
agissent autrement que ceux qui s'abandonnent à
leurs passions. Encore faut-il remarquer que des pensées qui ne répondraient en nous à aucun désir n'exer-
ceraient aucune influence sur nos actions : car nous

ne pouvons agir qu'en vue d'un bien, et nous ne pouvons regarder comme un bien que ce qui est pour nous
l'objet d'un désir. Il y a plus : les pensées même qui
nous représentent une conduite à tenir ne s'éveillent
et ne s'ordonnent en nous que sous l'influence d'un
désir, ou tout au moins d'un penchant : car notre
esprit lui-même resterait inactif s'il n'était sollicité par
l'attrait d'un bien, qu'il s'efforce de posséder en idée
en attendant que nous le possédions en réalité. C'est
donc, en définitive, le désir qui est l'unique ressort de
toute activité, et c'est toujours l'inclination dominante
d'un homme qui finit par décider de sa conduite : nous
devons donc rejeter au nom de l'expérience l'hypothèse d'une liberté qui échappe à toute observation
directe et qui, loin d'expliquer notre conduite, ne ser-
virait qu'à la rendre inexplicable.

2° Avec la liberté disparaît la seule de nos facultés
dont il fût possible, suivant M. Cousin, de constater
directement l'existence : nous ne devons donc voir
dans ces prétendues facultés que des propriétés hypothétiques, analogues à celles des autres êtres de la nature. Quant au nombre de ces propriétés, il est évident qu'il doit correspondre, non à celui des classes
de faits qu'une observation superficielle peut distinguer en nous, mais à celui des éléments véritablement
primitifs et irréductibles de la conscience. Or il y a
deux vérités qui dominent toute cette question et dont

l'école de M. Cousin a tenu trop peu de compte : l'une, c'est que la conscience est susceptible de degrés ; l'autre, c'est qu'un phénomène dans lequel la réflexion la plus attentive ne découvre aucune trace de composition peut cependant être composé d'autres phénomènes dont nous n'avons qu'une conscience confuse, ou qui échappent même à toute conscience proprement dite. C'est ainsi que la perception des distances résulte de certaines sensations très faibles des muscles de l'œil, associées à l'obscure réminiscence de certaines sensations des muscles locomoteurs ; c'est ainsi que des inclinations et des répugnances qui semblent instinctives s'expliquent par des impressions oubliées depuis longtemps, ou qui n'appartiennent pas même à notre passé individuel, mais seulement à celui de notre race. Nous devons donc rejeter comme prématurée toute classification de faits et, par suite, toute énumération de facultés qui n'est fondée que sur l'observation intérieure ; et nous pouvons déjà prévoir le moment où les états de conscience qui nous semblent aujourd'hui le plus différents ne seront plus à nos yeux que des manifestations plus ou moins complexes d'une propriété unique, celle d'avoir conscience ou de sentir. Si la psychologie de M. Cousin a échoué dans sa théorie des facultés, elle n'a pas été plus heureuse dans la recherche des lois du monde intérieur, ou plutôt elle n'a pas même essayé d'en établir sérieusement une seule. Nous pouvons bien, en effet, constater qu'un phénomène dont nous avons une conscience distincte est suivi d'un autre dont nous nous apercevons également : mais nous ne pouvons pas décider si le premier détermine le second par lui-même ou en vertu de quelque phénomène inaperçu qu'il enveloppe ou qui l'accompagne. On parle des lois de l'association des idées : mais ces prétendues lois portent que telle idée *peut*, et non qu'elle *doit* susciter en nous telle autre ; et le véritable lien de nos pensées doit être cherché le plus souvent, non dans nos pensées elles-mêmes, mais dans les affections obscures sur lesquelles elles reposent et qui forment au-dessous d'elles la trame continue de la conscience. Les phénomènes internes sont certainement soumis à des lois, et nous n'avons même aucune raison de croire qu'il y en ait parmi eux qui fassent exception à cet égard : mais nous devons renoncer à découvrir ces lois tant que nous ne serons pas en possession de *tous* les phénomènes internes, ou que ces phénomènes n'auront pas été résolus dans leurs derniers éléments. Or c'est là un résultat auquel aucune réflexion ne pourra jamais nous conduire ; et, si nous avons quelque chance de saisir un jour les rapports qui existent entre les phénomènes simples de la conscience, ce n'est pas par l'étude directe de ces phénomènes eux-mêmes, mais plutôt par celle des états nerveux auxquels ils correspondent

et dont ils reproduisent la succession. Les véritables
lois de la psychologie ne peuvent être, en définitive,
que des lois physiologiques.

1° Il ne nous reste plus qu'une question à résoudre,
mais cette question est la plus grave de toutes : y a-
t-il des phénomènes internes réellement distincts des
phénomènes externes, ou la conscience porte-t-elle
immédiatement sur les phénomènes physiques, qui
seuls existent par eux-mêmes ? La première hypothèse
semble inadmissible lorsqu'il s'agit d'une perception
distincte, comme celle d'une figure ou d'un mouvement : soutenir que cette perception est elle-même un
phénomène d'un genre particulier, qui s'interpose en
quelque sorte entre la conscience et son objet, c'est
avouer que cet objet reste en lui-même étranger à la
conscience et nier le fait même que l'on se propose
d'expliquer. Le cas est moins simple lorsqu'il s'agit
d'une sensation de couleur ou d'odeur, d'un sentiment de peine ou de plaisir, ou enfin d'une volonté :
car ces différentes modifications de la conscience ont
toutes quelque chose d'intensif, qui contraste profondément avec le caractère purement extensif des phénomènes du monde extérieur. Il est certain toutefois,
par l'exemple des couleurs et des sons, qu'une sensation peut n'être autre chose que la perception confuse
d'un mouvement : il est donc au moins permis de supposer que le sentiment et la volonté ne sont qu'une

manière confuse de percevoir les différents états, soit des nerfs qui président aux fonctions nutritives, soit de ceux qui déterminent la contraction des muscles. Comment, d'ailleurs, pourrions-nous dire que nous souffrons dans une partie de notre corps si notre souffrance était un phénomène purement spirituel et étranger à toute étendue ? Comment pourrions-nous dire que nous voulons marcher et que nous marchons si notre volonté ne se confondait pas avec l'action physique qui imprime le mouvement à nos membres ? Comment même, dans cette hypothèse, pourrions-nous savoir si un sentiment ou une volonté existe réellement en nous et distinguer un véritable fait de conscience d'une simple illusion du sens intime ? Nous n'avons, en effet, que deux moyens de nous assurer de la valeur objective d'un phénomène : l'accord de notre expérience avec celle des autres hommes et l'accord de ce phénomène lui-même avec les lois de la nature. Or il est évident que ce double *criterium* n'est pas applicable aux faits de conscience considérés en eux-mêmes : nous ne pouvons donc être certains de leur existence que s'ils nous sont donnés en même temps à titre de faits physiologiques et entrent, à ce titre, dans le tissu de l'expérience universelle. Un homme qui rêve croit éprouver des douleurs très vives, alors qu'il ressent tout au plus un léger malaise : il prend des résolutions bonnes ou mauvaises,

qui ne lui sont certainement pas imputables et qui ne
sont pas même un sûr indice de ses dispositions habi-
tuelles. Son rêve est donc faux et n'est qu'un rêve, en
tant, précisément, qu'il est donné à sa conscience :
car il est vrai, d'un autre côté, que cet homme rêve, et
son rêve fait réellement partie de son histoire, en tant
qu'il exprime à sa manière un état particulier de son
organisme. Mais, s'il y avait en nous des faits de conscience qui ne fussent l'expression d'aucun état organique, il est clair que nous n'aurions plus aucune
raison de leur attribuer une valeur objective : ce
seraient, en quelque sorte, des rêves absolus, c'est-à-
dire qui n'auraient absolument aucune vérité et qui
n'existeraient pas même à titre de rêves. Il n'y a donc
pas de phénomènes de conscience qui forment, comme
on l'a cru, un monde distinct et détaché du monde
extérieur : il n'y a en nous et nous ne sommes nous-
mêmes qu'une série de phénomènes semblables à
tous les autres, qui ont seulement le privilège de se
réfléchir et de se redoubler dans une conscience. La
psychologie n'a pas de domaine propre, pas même
celui du rêve, ou du moins du rêve relatif et réel :
elle n'est qu'une forme subjective et provisoire de la
physiologie, qui n'est elle-même qu'une branche de la
physique.

Ni raison, ni liberté, ni esprit : tel est aujourd'hui
le dernier mot d'une science qui semble ne conserver

que par habitude, et comme un souvenir du passé, le nom de psychologie.

III

Entre les affirmations de M. Cousin et les négations de ses adversaires, quel parti devons-nous prendre? Les premières nous semblent plus satisfaisantes en elles-mêmes : la méthode adoptée en commun par les deux écoles paraît jusqu'ici donner raison aux secondes. Mais cette méthode n'est-elle pas la seule possible, et la psychologie, qui est une science de faits, peut-elle être autre chose qu'une science d'observation et d'analyse ? Si les conclusions de la nouvelle psychologie ne sont pas de notre goût, nous n'avons évidemment qu'une chose à faire : interroger à notre tour les faits de conscience et essayer d'en obtenir, au moins sur quelques points, une autre réponse.

Est-il vrai d'abord que ces faits ne soient pas réellement distincts des phénomènes du monde extérieur?

Si la conscience n'est pas une réalité, nous sommes en droit de demander d'où nous vient l'illusion de la conscience. Être étendu et percevoir l'étendue sont, au moins pour nous et à notre point de vue, deux choses très différentes. Il est possible que la sensation ne soit en elle-même qu'un mouvement organique, qui va de la périphérie au centre, et que la volonté soit la continuation de ce même mouvement, qui retourne du centre à la périphérie : mais les faits de conscience que nous appelons sensation et volonté ne ressemblent ni au mouvement, ni à la perception du mouvement, ni même l'un à l'autre. D'où vient donc ce sujet qui apparaît ainsi à lui-même au sein d'un monde purement objectif, et d'où viennent, dans ce sujet lui-même, ces fonctions qui lui paraissent hétérogènes et irréductibles ?

De plus, où prend-on que ce monde extérieur, sur lequel on greffe ainsi après coup la conscience, existe d'abord en lui-même et en dehors de toute conscience ? Nous percevons, dit-on, les objets extérieurs comme quelque chose qui existe déjà hors de nous, et nous sentons très clairement, qu'en les percevant, nous ne les produisons pas. Oui, s'il s'agit de la perception réfléchie, par laquelle nous essayons de nous rendre compte d'un phénomène donné : car il faut évidemment que ce phénomène nous soit déjà donné pour que nous cherchions à nous en rendre compte. Mais il n'en est peut-être pas de même de la perception directe, par laquelle les phénomènes nous sont donnés primitivement et avant toute réflexion. Une odeur, dit-on encore, un son, une couleur même, peuvent bien n'être que notre propre sensation d'odeur, de son, de couleur : mais l'étendue n'est pas

en nous, car nous ne nous sentons pas en elle : nous
la percevons, au contraire, comme une sorte de négation de nous-mêmes, comme une existence étrangère
à la nôtre et qui limite la nôtre. Sans doute : mais la
question est toujours de savoir si cette existence est
hors de nous par elle-même ou si c'est nous qui l'y
mettons en la percevant. Or c'est là une question qu'il
est impossible de décider par expérience : car notre
expérience ne va pas plus loin que notre perception,
et l'étendue ne commence à exister pour nous qu'au
moment où nous commençons à la percevoir. L'existence d'une chose en soi ne peut pas être pour nous
un fait, car, pour constater ce prétendu fait, il nous
faudrait être là où, par hypothèse, nous ne sommes
pas, et voir ce que, par hypothèse, nous ne voyons
pas. L'expérience laisse donc la question indécise :
c'est au raisonnement à la décider.

Nous allons essayer de prouver, par la nature
même de l'étendue, qu'elle ne peut pas exister en
elle-même. Il est de l'essence de l'étendue d'avoir des
parties les unes hors des autres ; et, si elle existe en
elle-même, elle n'est pas autre chose que la somme
et l'assemblage de ses propres parties. Nous pouvons,
sans doute, concevoir l'étendue comme un tout
unique, abstraction faite de la multiplicité de ses parties : mais c'est là un point de vue de notre esprit
auquel rien de réel ne peut correspondre : une partie,

dans la réalité, a beau faire suite à une autre, elle n'en est pas moins différente de cette autre, et il n'y a rien qui, de ces deux choses, puisse en faire une seule. Mais, ce que nous disons de l'étendue tout entière, nous devons le dire aussi de chacune de ses parties : car ces parties, puisqu'elles sont étendues, ont elles-mêmes des parties : chacune d'elles n'est donc pas une partie ou une étendue unique, mais un simple agrégat de parties et d'étendues plus petites qu'elle. Maintenant jusqu'où pousserons-nous cette décomposition de l'étendue ? D'un côté, il nous est impossible de nous arrêter : car une partie qui n'aurait plus elle-même de parties ne serait plus étendue et ne serait pas, par conséquent, une partie de l'étendue : de l'autre, si nous ne nous arrêtons pas, nous ne trouverons toujours dans l'étendue que des agrégats, sans jamais rencontrer d'éléments dont ces agrégats soient composés. Or, ce qui fait la réalité d'un agrégat, ce sont les éléments qui le composent, et non les rapports de ces éléments entre eux : car ces rapports eux-mêmes n'ont d'autre réalité que celle des termes qu'ils unissent : dire que l'étendue n'a point d'éléments, c'est donc dire qu'il n'y a rien de réel en elle et qu'elle n'existe pas en elle-même. On avoue cette consé-quence, et l'on essaie de sauver la réalité de l'étendue en la composant d'unités indivisibles, qui ne forment pas, à la vérité, par elles-mêmes, un tout continu, mais qui produisent en nous, par leur juxtaposition, l'illusion de la continuité. Mais la continuité, c'est l'étendue elle-même : s'il n'y a pas de continuité hors de la conscience, il n'y a pas non plus d'étendue, et ces unités indivisibles que l'on suppose exister en elles-mêmes ne sont point les éléments de l'étendue et n'ont rien de commun avec elle. On s'enferme, d'ailleurs, dans un cercle quand on fait résulter l'étendue d'unités juxtaposées : car ces unités ne peuvent être juxtaposées ou situées d'une façon quelconque que dans une étendue ; nous ne pourrions pas même dire qu'elles sont plusieurs et qu'elles forment un nombre si l'étendue ne les reliait entre elles et ne conduisait en quelque sorte notre pensée de l'une à l'autre. L'étendue ne peut donc pas exister en elle-même, car elle n'a point de parties simples, et sa réalité, si elle en avait une, ne pourrait être que celle de ses parties simples. Elle n'existe que dans la conscience, car ce n'est que dans la conscience qu'elle peut être ce qu'elle est, un tout donné en lui-même avant ses parties, et que ses parties divisent, mais ne constituent pas.

La réalité de la conscience est donc hors de doute, puisque ce monde extérieur dans lequel on voudrait la résoudre ne peut, au contraire, exister qu'en elle. Ce n'est pas l'étendue qui devient en nous la perception ou l'idée d'elle-même : car il n'y a pas d'autre

étendue possible qu'une étendue idéale ou perçue.
Mais la perception de l'étendue est-elle la seule fonction réelle de la conscience? La sensation et la volonté
ne sont-elles, nous ne dirons plus, que des mouvements, mais, que des représentations de mouvements?
Faut-il nous contenter d'une sorte de matérialisme
idéaliste qui absorberait la conscience, non plus dans
un monde réellement extérieur à elle, mais dans ce
monde relativement extérieur qu'elle porte en elle-
même? Mais cette seconde forme du matérialisme sou-
lève, comme la première, des questions qu'elle ne
résout pas. Comment des états de conscience intensifs
peuvent-ils naître de représentations purement exten-
sives ? D'où vient qu'au sein même de la conscience,
le sujet se distingue de l'objet, et distingue encore en
lui ce qu'il produit de ce qu'il éprouve ? L'existence
de l'objet, tel qu'il nous est donné intérieurement,
est incontestable : mais il s'agit de savoir si cet
objet nous est donné en lui-même et avant le sujet ;
il s'agit de savoir si la conscience va, comme le
veulent les matérialistes, de la perception à la volonté
ou si elle commence, au contraire, par la volonté pour
finir par la perception.

L'étendue peut-elle nous être donnée en elle-même
et avant tout autre élément de la conscience? Mais
d'abord comment pourrions-nous dire qu'elle *nous*
est donnée si elle était à elle seule toute la conscience

et s'il n'y avait rien en nous qui fût réellement distinct d'elle ? Que signifierait même le mot *donnée*, et à quel signe pourrions-nous reconnaître dans cette étendue un objet de perception ou de conscience, plutôt qu'une chose en soi ? Enfin l'étendue pourrait-elle être *en elle-même* et en l'absence de toute qualité sensible l'objet d'une perception actuelle ? S'il est vrai que l'étendue n'existe qu'autant qu'elle est perçue, il est vrai aussi que nous ne la percevons qu'autant que nous distinguons en elle une partie d'une autre : notre perception porte moins sur l'étendue elle-même que sur les lignes qui la divisent et qui la limitent. Or, si l'étendue était seule dans la conscience, il n'y aurait absolument rien en elle qui pût y tracer des lignes et y dessiner des figures. Les parties de l'étendue ne peuvent pas, comme le croyait Descartes, se distinguer les unes des autres par leur mouvement : elles ne peuvent pas changer de place entre elles, puisqu'elles ne sont elles-mêmes que des places, et un tel changement ne pourrait, en tout cas, être perçu, puisqu'elles sont parfaitement semblables les unes aux autres. Ainsi l'étendue réduite à elle-même ne pourrait ni constituer une conscience, ni même servir d'objet à une conscience déjà constituée : nous avons besoin tout à la fois et de trouver en nous quelque chose qui s'en distingue, et de trouver en elle quelque chose qui la détermine. Or il y a dans notre conscience un élément qui répond à ce double besoin : c'est la sensation ou la qualité sensible. Ce sont, en effet, nos sensations qui font de nous un sujet ou un *moi* distinct de l'étendue ; et c'est en même temps par elles que l'étendue nous est donnée et ne fait, en quelque façon, qu'un avec nous, parce qu'elles nous semblent toutes, à différents degrés, se déployer en elle et ne faire qu'un avec elle. Enfin ce sont elles, et en particulier nos sensations visuelles et tactiles, qui, en se coordonnant dans l'étendue et en s'y opposant les unes aux autres, la divisent, la déterminent et la font passer, en quelque sorte, de la puissance à l'acte. La figure n'est que la limite qui sépare une couleur d'une autre ou un degré de résistance d'un autre ; le mouvement n'est qu'un changement dans la situation relative de deux plans colorés ou de deux masses résistantes. Il est donc absurde de prétendre que la sensation n'est que l'image confuse de certaines figures et de certains mouvements : car toute figure résulte, au contraire, d'un rapport, et tout mouvement, d'un changement de rapport, entre deux sensations. L'étendue est, sans doute, nécessaire à la conscience, car nous ne nous saisissons nous-mêmes qu'en nous distinguant d'elle ; de plus, elle nous fournit, dans les vibrations lumineuses et sonores, une sorte d'équivalent objectif de nos sensations, qui nous permet de les soumettre, comme si elles faisaient

J. LACHELIER   8

partie du monde extérieur, à la mesure et au calcul. Mais l'étendue n'explique à elle seule ni la sensation ni la conscience, car elle n'existe pour nous que par la sensation et n'est, dans ce qu'elle a de réel, que la sensation projetée hors d'elle-même et devenue un objet pour elle-même.

Mais comment la sensation peut-elle être ainsi à la fois le sujet et l'objet de la conscience ? Il semble, d'après ce que nous en avons dit jusqu'ici, qu'elle ne puisse être pour nous qu'un objet. Nous ne sommes ni la couleur, ni la résistance, ni aucune autre qualité sensible ; et comment des qualités sensibles pourraient-elles avoir conscience d'elles-mêmes et dire *moi?* D'un autre côté, comment pourrions-nous dire *moi* sans nous sentir, ou nous sentir ailleurs que dans nos sensations ? Et n'est-il pas de l'essence de la sensation de se sentir elle-même et d'être, pour ainsi dire, donnée à elle-même ? C'est donc bien dans la sensation que nous devons chercher le sujet de la conscience : mais ce n'est pas dans la sensation en tant qu'elle remplit l'étendue et constitue les choses extérieures. Il faut donc que la sensation soit quelque chose de plus que la qualité sensible : il faut qu'il y ait en elle un second élément, qui ne se convertisse pas en objet, mais qui soit à la fois sujet de lui-même et de la qualité sensible. Or, autre chose est la distribution des couleurs dans le spectre, autre chose,

l'impression que produit sur nous la lumière ; autre
chose est l'échelle musicale des sons, autre chose, ce
qui nous affecte dans les sons pris isolément, comme
leur volume ou leur timbre. Les odeurs et les saveurs
offrent à des sens exercés des différences qualita-
tives innombrables : cependant on les réduit à un
petit nombre de classes fondées précisément sur
leurs caractères affectifs, tels que leur suavité, leur
âcreté ou leur fadeur. Le toucher a cela de particulier
que la qualité sensible ne fait qu'un, en lui, avec
l'affection : nous disons que les corps nous résistent et
qu'ils sont froids ou chauds, mais le chaud, le froid,
la pression même d'un corps étranger, dès qu'ils attei-
gnent un certain degré d'intensité, ne sont plus pour
nous que des douleurs. Mais, au-dessous de ces sensations que l'on appelle externes et dont se dégagent
les qualités sensibles, il y a en nous tout un ordre de
sensations dites internes, qui sont exclusivement
affectives : ce sont celles que nous localisons plus ou
moins vaguement dans notre propre corps et qui se
lient à l'accomplissement des fonctions de la vie végé-
tative. De plus, nos sensations externes tiennent de
très près, par ce qu'il y a en elles d'affectif, à nos
sensations internes : elles les excitent, mais elles leur
doivent elles-mêmes la plus grande partie de leur
vivacité : il semble même qu'elles en dérivent et
qu'elles n'en soient qu'une forme secondaire, à la fois

moins profonde et plus distincte. On a dit du goût qu'il n'est que l'avant-goût de l'estomac ; les plaisirs de l'odorat correspondent toujours à une élévation du ton vital, soit dans les organes digestifs, soit dans les organes respiratoires. Les affections de l'ouïe et de la vue sont essentiellement solidaires de celles des organes sexuels : elles ne servent, chez la plupart des animaux, qu'à les réveiller et celles-ci à leur tour exercent sur elles, même chez l'homme, un pouvoir presque magique d'exaltation et de transfiguration. Les affections du tact sont toutes générales et vitales par elles-mêmes : il n'y en a aucune qui n'intéresse directement, soit l'instinct sexuel, soit cet autre instinct par lequel le corps vivant veille au maintien de son intégrité et se défend contre l'action destructive des corps étrangers. Nous sommes peut-être mieux en état maintenant de comprendre le double rôle de la sensation dans la conscience. Elle se partage en quelque sorte entre le sujet et l'objet : elle fait, par la qualité sensible, toute la réalité de l'objet, mais c'est par ce qu'il y a en elle d'affectif qu'elle appartient au sujet et que le sujet est donné à lui-même. C'est par opposition à nos affections, et surtout à nos affections organiques, que les choses sensibles nous paraissent *hors* de nous ; et c'est parce qu'elles sont liées à ces mêmes affections et plongent, en quelque sorte, leurs racines dans nos viscères que nous pouvons dire qu'elles nous sont données et qu'elles existent *pour* nous.

Nous avons épuisé l'analyse de la sensation : avons-nous épuisé celle de la conscience ? Nos sensations, ou ce qu'il y a de subjectif en elles, nos affections sont-elles nous-mêmes ? Ne pouvons-nous pas nous sentir en elles et être cependant, en nous-mêmes, autres qu'elles ? Dire que nous jouissons d'un plaisir et que nous souffrons d'une douleur, n'est-ce pas avouer que nous sommes quelque chose de distinct de ce plaisir et de cette douleur ? Pouvons-nous concevoir le plaisir et la douleur comme des états, en quelque sorte, absolus et indépendants de l'action d'un sujet qui s'abandonne à l'un et qui lutte contre l'autre ? Ne sentons-nous pas, dans les affections que l'on appelle morales, que nous faisons nous-mêmes notre plaisir et notre douleur par notre amour ou notre haine ? D'où vient, enfin, notre effort pour nous approcher de ce qui nous plaît et nous éloigner de ce qui nous blesse, s'il n'y a pas en nous un principe d'action, une tendance primitive, que l'affection stimule, mais qu'elle ne crée pas ? On dit quelquefois que le plaisir n'est qu'une tendance qui se réalise, et la douleur une tendance arrêtée ou combattue. C'est peut-être trop dire, et il y a, semble-t-il, dans le plaisir et dans la douleur quelque chose d'absolument original, qui ne peut se résoudre dans aucun autre élément de la conscience.

8.

Mais, ce qui est peut-être vrai, c'est que la conscience
de chaque affection enveloppe, comme un antécédent
nécessaire, celle d'une tendance qui la produit et qui
se réfléchit en elle. La tendance ne nous est donnée
que par l'affection, et le besoin, dès qu'il s'éveille,
prend pour nous la forme d'un malaise : mais nous la
sentons, pour ainsi dire, à l'œuvre, dans le mouvement
continu qui transforme peu à peu ce malaise en souffrance et qui fait naître, de cette souffrance elle-
même, la jouissance qui accompagne la satisfaction
du besoin et le bien-être qui la suit. Nous sentons
aussi confusément, et l'on pourrait peut-être montrer,
par une analyse psychologique et physiologique à la
fois, que nos diverses tendances ne sont que différentes formes d'une tendance unique, que l'on a justement nommée la volonté de vivre. Nous sommes donc
volonté avant d'être sensation ; et, si la volonté n'est
pas, comme la sensation, une donnée directe et distincte de la conscience, n'est-ce pas parce qu'elle est
la condition première de toute donnée et, en quelque
façon, la conscience elle-même? Il faut bien, en effet,
qu'il y ait en nous un dernier élément qui soit sujet de
tout le reste et qui ne soit plus lui-même objet pour
un autre ; et, de ce que nous ne nous voyons pas vouloir, nous devons conclure, non que notre vouloir
n'est rien, mais qu'il est nous-mêmes. L'étendue, loin
d'être la conscience tout entière, n'en est que la

limite et la négation ; la sensation, sous la double
forme de la qualité sensible et de l'affection, en occupe
tout le champ et en constitue toute la réalité visible :
mais cette réalité a elle-même son centre et sa racine
dans la volonté.

Ce n'est donc pas de la perception à la volonté,
c'est, au contraire, de la volonté à la perception que se
succèdent, dans leur ordre de dépendance, et probablement aussi de développement historique, les éléments de la conscience. L'univers indéfiniment étendu
en longueur, largeur et profondeur n'existe que pour
l'homme, nous devrions dire : pour l'homme éclairé
par les découvertes de l'astronomie moderne. Les
animaux, ou du moins les animaux supérieurs, sont
pourvus des mêmes sens que nous : mais il est probable que ces sens les affectent beaucoup plus qu'ils
ne les instruisent et que ces affections elles-mêmes
sont entièrement subordonnées à leurs affections
organiques. Le monde du chien, a-t-on dit ingénieu-
sement, n'est qu'un *continuum* d'odeurs : il faudrait
ajouter que ce *continuum* ne se déroule devant lui
qu'à mesure qu'il le parcourt et ne se compose que
des odeurs qui mettent en jeu ses appétits. Le végétal
n'a pas de sens extérieurs, et rien d'extérieur ne peut
exister pour lui : il n'y a donc place dans sa conscience que pour les affections obscures qui expriment
sans doute en lui la lente évolution des tendances

nutritives et reproductives. On peut douter si le miné-
ral n'est qu'un objet pour nos sens ou s'il est, en
outre, un sujet en lui-même : mais il ne peut être,
dans ce dernier cas, que la volonté fixe d'un état fixe,
que l'on n'ose plus nommer une affection. La volonté
est le principe et le fond caché de tout ce qui existe :
beaucoup d'êtres la redoublent en quelque sorte et
la revèlent à elle-même dans leurs modes affectifs ;
quelques-uns détachent à demi de ces modes les qualités sensibles et les voient flotter devant eux comme
une sorte de rêve : un seul les fixe dans l'étendue et
en compose ce mirage permanent qu'il appelle le monde
extérieur.

Nous avons donc deux fois établi l'originalité de la
conscience, puisque nous avons fait voir qu'elle ne se
résout ni dans une étendue extérieure à elle ni dans
sa propre représentation de l'étendue. Mais, en énumé-
rant les éléments qui précèdent en nous cette représentation, n'avons-nous pas fait revivre la distinction,
effacée par l'empirisme, de ce qu'on appelle nos facultés? On ne dira pas que c'est faute d'analyser les données de la conscience que nous rangeons sous des
titres différents des faits qui sont, au fond, de même
nature : car c'est précisément l'analyse qui dans la
perception de l'étendue nous a fait découvrir la sensation visuelle ou tactile, dans la sensation l'affection,
et dans l'affection la tendance. On ne dira pas non

plus que nous concluons à tort de faits passagers à
des pouvoirs durables : car il y a dans les faits même
que nous venons d'énumérer quelque chose de durable, qui répond à l'idée que l'on se fait ordinairement d'une faculté. Nous ne cessons pas, par exemple,
de percevoir l'étendue, et c'est une seule et même
étendue que nous percevons, tantôt sous une figure,
tantôt sous une autre : mais cette perception est purement virtuelle en elle-même et ne devient actuelle que
dans nos perceptions particulières : elle est donc en
nous une véritable puissance ou faculté de percevoir.
Si deux sensations aussi différentes que celles du
rouge et du bleu nous paraissent cependant de même
espèce, c'est parce qu'elles se détachent, en quelque
sorte, sur un même mode affectif, qui est la vie propre
de l'œil ou la vision elle-même ; et, si toutes nos sensations, de quelque espèce qu'elles soient, nous semblent être également des sensations, n'est-ce pas
parce qu'elles reposent toutes sur un mode affectif
fondamental, qui est notre vie dans son unité, ou
notre faculté générale de sentir? Il en est, enfin, de nos
désirs comme de nos sensations : tous ceux que nous
rangeons dans la même classe ont leur racine dans
une tendance commune, et toutes ces tendances se
résolvent à leur tour dans une tendance unique, que
nous pouvons appeler indifféremment notre volonté
radicale ou notre faculté de vouloir. Mais ce n'est pas

tout : en montrant, comme nous l'avons fait, que la conscience renferme des éléments hétérogènes et irréductibles, nous avons aussi montré qu'elle a ses lois propres et distinctes de celles du monde extérieur. Ces dernières, en effet, ne règlent par elles-mêmes que l'ordre de nos perceptions : il est vrai que nos perceptions déterminent la forme particulière que prennent, à chaque instant de notre vie, nos affections et nos tendances, de sorte que ces lois se trouvent expliquer, directement ou indirectement, l'ordre de tous les phénomènes de conscience. Mais, ce qu'elles n'expliquent pas, c'est précisément l'influence que nos perceptions exercent sur nos sentiments et, par nos sentiments, sur notre volonté; c'est encore moins l'influence inverse et non moins constante de notre volonté sur nos sentiments et nos perceptions. Nous voyons, par exemple, un objet extérieur, et aussitôt nous éprouvons un sentiment agréable, auquel répond, du fond de nous-mêmes, un désir; un besoin se manifeste à nous par un malaise, et en même temps il évoque son objet dans notre imagination et tend, par l'intermédiaire de notre force motrice, à le faire apparaître dans la réalité. La conscience est donc soumise à l'action en quelque sorte croisée de deux sortes de lois, dont les unes déterminent la succession de ses états, tandis que les autres expriment l'influence réciproque de ses facul-

tés. Les premières sont bien, comme le veut l'empirisme, celles de la physiologie et de la physique :
mais les secondes appartiennent en propre à la psychologie.

Nous croyons aussi avoir répondu d'avance aux
négations trop absolues de l'empirisme sur la double
question du *moi* et de la liberté. Sans doute, le *moi*
serait un mot vide de sens si la conscience n'était
qu'étendue ou perception de l'étendue : mais il n'y
aurait rien non plus, dans cette hypothèse, qui méri-
tât le nom de conscience. La conscience est essentiellement l'opposition d'un sujet ou d'un *moi* au
monde extérieur; et c'est ce sujet que nous avons
cherché tour à tour dans la qualité sensible et dans
l'affection, pour le trouver enfin dans la volonté. On
nous dira peut-être que nous ne nous sommes
trouvés que pour nous perdre ; et il faut avouer qu'il
nous est difficile de nous reconnaître dans une volonté dont nous avons à peine conscience, et qui
déborde peut-être même notre existence individuelle.
Ce n'est donc pas la volonté considérée en elle-même
qui est pour nous le *moi* : c'est la volonté en tant
qu'elle se réfléchit dans cet état affectif fondamental
dont la forme, propre à chacun deus, no exprime
notre tempérament et constitue notre caractère. Ce
moi, encore caché au fond de la conscience, se réfléchit à son tour dans nos modes affectifs et percep-

tifs ; et ce n'est, en définitive, que dans ces modes que nous le saisissons et que nous le reconnaissons comme identique d'une époque de notre vie à une autre. Notre *moi* ne peut pas cesser réellement d'être le même : mais il peut cesser de nous *paraître* le même si, par suite de quelque accident externe ou de quelque crise organique, nos perceptions, et surtout nos affections présentes n'ont plus aucun rapport avec nos perceptions et nos affections passées. Nous sommes libres, par cela seul que nous sommes un *moi*, ou qu'il y a en nous quelque chose d'antérieur à la perception et aux lois qui la régissent. La sensation peut déjà être appelée libre, en ce sens qu'elle ne tient sa nature que d'elle-même ; la volonté, à plus forte raison, est libre, car il est de son essence de se vouloir elle-même et d'être cause d'elle-même. Il est vrai qu'il n'y a en nous ni volonté ni affection particulière qui ne soit déterminée par un objet perçu, ou tout au moins imaginé et qui, par conséquent, ne dépende, en dernière analyse, du mécanisme de la nature. Mais ce mécanisme qui enchaîne, ou plutôt qui dirige notre liberté semble être, à certains égards, dirigé par elle : il lui obéit, ou du moins il concourt avec elle dans le mouvement volontaire, et il entretient de lui-même dans la nature un ordre qui correspond, en général, à nos besoins et qui fait prédominer en nous les affections agréables sur les affections pénibles. D'un autre côté, trop de choses hors de nous et en nous-mêmes sont autres que nous ne les aurions souhaitées ; notre propre volonté n'est pas ce qu'elle devrait et ce qu'au fond elle voudrait être, et, en poursuivant avec trop d'ardeur quelques-unes de ses fins, elle se met elle-même dans l'impossibilité d'atteindre les autres. Ainsi nous sommes libres dans notre être et déterminés dans nos manières d'être ; nous sommes libres dans ce déterminisme même quand il agit dans le sens de nos tendances, nous en devenons esclaves lorsqu'il les combat ou qu'il les égare. Il y a là une double contradiction, qu'une psychologie uniquement fondée sur l'expérience ne peut, ce semble, que constater.

Nous ne dirons rien ici des vérités nécessaires et de leur valeur objective, car il n'y a pas de place, dans une psychologie empirique, pour une théorie de la raison. Il ne nous reste donc qu'à résumer ce qui précède, afin de nous bien rendre compte de la position que nous avons prise, sur les questions qu'il nous a été possible d'aborder, entre la psychologie de M. Cousin et celle de ses contradicteurs. Nous avons abandonné sans regret le prétendu parallélisme des phénomènes internes et de leurs lois avec les phénomènes et les lois de la nature ; nous n'avons entrepris de défendre, ni une liberté de choix et de caprice, ni un *moi* abstrait et extérieur à ses propres modes. Mais nous n'avons pas cru davantage que la conscience ne fût qu'une sorte d'accident dans un monde matériel, et fût exclusivement régie par les lois de la matière : nous avons donc essayé de lui rendre son indépendance et sa spontanéité, en la plaçant, non plus, comme M. Cousin, en dehors et au-dessus du monde extérieur, mais au-dessous et au centre même de ce monde, qui n'en est, suivant nous, que l'épanouissement. Nous ne nous faisons pas illusion sur la portée des résultats auxquels nous sommes parvenus : nous savons très bien que la puissance aveugle que nous avons décrite sous le nom de conscience n'est pas un esprit et que la spontanéité que nous lui attribuons n'a rien de commun avec la liberté morale. Nous n'avons pas cessé d'accorder à la nouvelle psychologie sa thèse fondamentale, qui est l'identité de la conscience avec la réalité physique ; nous n'avons fait qu'élargir son point de vue sans le déplacer et transformer le matérialisme, qu'elle professe implicitement, en une sorte de naturalisme. Mais il reste toujours, à prendre les choses en gros, que c'est elle qui a raison et le spiritualisme qui a tort.

Nous ne voudrions pas cependant que le résultat de cette étude fût de donner tort au spiritualisme.

IV

Comment prouver que l'esprit, la raison, la liberté ne sont pas des chimères ? Faut-il, pour maintenir les conclusions de M. Cousin, renoncer à sa méthode, traiter la psychologie comme une science exacte et construire, comme on dit, la conscience, au lieu de l'analyser ? Mais on ne construit ainsi que des abstractions : or la conscience, avec tout ce qu'elle renferme, est un fait, et ce fait serait lui-même la condition du travail spéculatif par lequel on essaierait de le construire. Nous sommes donc ramenés, bon gré, mal gré, à l'analyse de la conscience : reste à savoir si cette analyse ne peut pas être faite d'un point de vue tout différent de celui où nous nous sommes placés jusqu'ici.

Nous avons cherché, dans ce qui précède, à déterminer le contenu de la conscience : nous connaissons donc ce contenu, ou du moins il dépend de nous de le connaître : nous avons donc, si l'on nous passe l'expression, conscience de notre conscience. C'est cette connaissance réfléchie des faits qui composent notre vie intérieure, cette conscience idéale, ou plutôt intellectuelle de notre conscience réelle et sensible, que nous voudrions maintenant soumettre à l'analyse.

On nous arrêtera probablement dès le début, en nous

disant que cette nouvelle conscience ne diffère pas
de celle que nous venons de décrire, ou n'en est que la
forme la plus élevée et la plus distincte. Nous soutenons, au contraire, qu'elle en diffère du tout au tout,
bien qu'elle la continue et qu'il soit possible d'indi-
quer le point où l'une vient se relier à l'autre. La
volonté, dans le sens où nous avons pris ce mot, n'implique certainement pas la connaissance d'elle-même :
car nous avons remarqué qu'elle ne nous est donnée
que par l'intermédiaire de nos affections. Mais sentir,
dira-t-on, et savoir que l'on sent, n'est-ce pas une
seule et même chose? Il est de fait, d'abord, que l'on
peut sentir sans le savoir : car tous les psychologues
conviennent aujourd'hui qu'il y a en nous un grand
nombre d'affections dont nous ne nous apercevons
pas et dont le commun des hommes n'a aucune idée.
Mais, lors même que nous savons que nous sentons,
notre affection et la connaissance que nous en avons
sont deux choses très différentes. La connaissance
d'une douleur n'est pas douloureuse, mais vraie ; elle
peut devancer cette douleur sous la forme de la prévision et lui survivre sous celle du souvenir ; enfin elle
n'est pas nécessairement renfermée dans l'homme qui
souffre et ne perd rien de sa vérité en passant de
son esprit dans celui d'un autre. On peut remarquer,
d'ailleurs, que nos affections ne deviennent pour nous
des objets de connaissance qu'indirectement et par

leur association avec nos perceptions. Faites abstraction, quand vous souffrez, de toute circonstance de temps et de lieu, écartez toute image d'accident externe ou de trouble organique : vous n'en souffrirez pas moins pour cela, mais vous ne trouverez plus rien dans votre souffrance que vous puissiez saisir par la pensée et exprimer par la parole. Il ne nous reste donc qu'à nous demander si la perception est, ou peut devenir la connaissance réfléchie d'elle-même. Essayons de nous représenter la perception telle qu'elle est en elle-même et sans aucun mélange de pensée : une couleur dessine dans l'étendue une figure ; des sons, des odeurs, des qualités tactiles se détachent à demi de nous pour se grouper autour d'elle : il n'y a là qu'une modification de notre conscience, aussi momentanée, aussi exclusivement individuelle qu'un plaisir ou une douleur. C'est ainsi que les choses se passent, selon toute probabilité, chez l'animal ; c'est ainsi qu'elles se passent chez nous-mêmes, dans certains états d'extrême distraction où nous voyons les objets extérieurs flotter autour de nous comme dans un rêve. Mais la pensée fait de ce rêve une réalité ; et, non seulement notre perception devient pour nous, comme tout à l'heure notre affection, un fait vrai, qui a toujours été vrai à titre de fait futur et qui le sera toujours à titre de fait passé, mais le groupe entier des qualités sensibles nous semble sortir de notre conscience pour

se fixer dans une étendue extérieure à elle : il devient
pour nous une chose, un être, qui existe en lui-même,
qui existait avant notre perception et qui continuera
d'exister après que nous aurons cessé de le percevoir.
La pensée n'est donc pas moins distincte de la perception qu'elle ne l'est de la sensation et de la volonté :
ce n'est pas le rêve qui se change de lui-même en
veille, ce n'est pas la représentation sensible qui s'investit elle-même d'une existence absolue et investit
son objet d'une existence indépendante de la sienne.
Il y a donc réellement en nous une conscience intellectuelle, qui n'ajoute rien au contenu de la conscience sensible, mais qui imprime à ce contenu le
sceau de l'objectivité : il faut seulement reconnaître
que cette seconde conscience ne s'éveille qu'à la suite
de la perception et que ce n'est que par la perception
qu'elle communique avec la première : c'est en nous
représentant l'étendue que nous sortons de nous-
mêmes pour entrer dans l'absolu de la pensée.

Dira-t-on que cet absolu est une illusion, que l'idée
de l'existence n'est que l'image confuse de ce qu'il y
a de plus général dans nos perceptions, et que cette
image, en s'associant à une perception donnée, ne
constitue toujours qu'un état momentané de notre
conscience individuelle ? Que l'on arrache donc de
l'esprit de tous les hommes la croyance à la réalité
du monde extérieur, qu'on les empêche d'attribuer à

leurs propres états de conscience une vérité intrinsèque, qu'ils conserveront dans le passé et qu'ils pos-
sédaient d'avance dans l'avenir ! Or, si le monde
sensible apparaît à tous les hommes comme une réalité indépendante de leur perception, ce n'est pas,
sans doute, parce qu'il est une chose en soi, extérieure à toute conscience: c'est donc parce qu'il est
l'objet d'une conscience intellectuelle, qui l'affran-
chit, en le pensant, de la subjectivité de la conscience
sensible. Si tous les hommes croient que leurs états
internes sont quelque chose en eux-mêmes, et non
seulement dans le présent, mais encore dans le passé
et dans l'avenir, ce n'est pas parce que ces états résident dans une entité chimérique, et dont l'existence,
si elle en avait une, serait elle-même limitée au présent : c'est donc parce qu'ils sont l'objet d'une pensée
qui, élevée au-dessus de tous les temps, les voit également dans ce qu'ils sont, dans ce qu'ils ont été et
dans ce qu'ils doivent être. Si la pensée est une illusion, il faut supprimer toutes les sciences : car il n'y
en a aucune qui ne parle de ce que les choses sont en
elles-mêmes, en dehors de toute perception actuelle
et, par conséquent, de tout temps, qui ne soit une
science de l'éternel et qui ne soit éternelle elle-même,
abstraction faite, bien entendu, des erreurs qu'elle
peut contenir. Il faut supprimer même la psychologie
empirique: car le psychologue qui enseigne que la

conscience ne comporte que des modes subjectifs croit exprimer par là autre chose qu'un mode subjectif de sa propre conscience : il parle de ce qui se passe dans la conscience en général, comme de quelque chose de vrai en soi, qu'il désire voir admis comme tel par tout le monde : il se place donc et nous place avec lui au point de vue de l'absolu, au moment même où il prétend nous en exclure. Mais, ne voulût-il parler que de ce qui se passe en lui-même, il n'a pas le droit de sortir de son rêve pour le constater et nous en instruire : son rôle, comme celui du sceptique, dont il ne diffère pas du reste, est d'être muet.

On serait peut-être moins tenté de nier l'existence d'un élément intellectuel dans notre conscience si l'on remarquait que, des trois dimensions de l'étendue, il y en a une qui ne nous est donnée par aucune perception et qui est un produit spontané de notre pensée. L'étendue nous apparaît, dès le premier coup d'œil, comme longue et large, ou plutôt comme large et haute : mais comment savons-nous qu'elle est, en outre, profonde, ou que les objets qu'elle contient sont situés sur différents plans et à différentes distances de nous ? Il est clair que nous ne pouvons pas voir directement la profondeur : car, pour la voir directement, il faudrait la regarder transversalement, ce qui la convertirait en largeur. Dira-t-on que nous voyons un objet disparaître derrière un autre ? Mais qui nous garantit que le premier de ces deux objets continue à exister derrière le second ? Dira-t-on que c'est en marchant vers les objets que nous percevons la distance qui nous en sépare ? Mais comment percevons-nous notre marche elle-même ? Nous avons conscience d'une série d'efforts musculaires, et nous voyons en même temps un objet situé en face de nous devenir de plus en plus grand, tandis que d'autres objets, qui nous semblaient contigus au premier, s'en écartent graduellement et finissent par disparaître à notre droite et à notre gauche. Qu'y a-t-il dans tout cela qui nous assure que nous nous sommes déplacés d'arrière en avant, et que ce ne sont pas les objets eux-mêmes qui ont grandi, ou qui se sont déplacés latéralement devant nous ? Dira-t-on qu'il nous suffit pour acquérir l'idée de la profondeur de promener notre main sur deux faces d'un solide, l'une tournée vers nous, l'autre à angle droit avec la première ? Mais la question est précisément de savoir si le plan du second mouvement est perpendiculaire à celui du premier ; et, que deux plans forment un angle, qu'un plan soit même différent d'un autre, c'est ce qu'aucune sensation d'effort, de résistance ou de frottement n'est capable de nous apprendre. Ainsi nous ne percevons, ni directement, ni indirectement, la profondeur : nous croyons simplement qu'elle existe, et nous ne le croyons que parce que nous attribuons

9.

aux objets extérieurs une existence absolue et indépendante de la nôtre. Un objet réel est, en effet, pour
nous un objet solide, ou un corps ; c'est aussi un
objet situé dans l'étendue en tant que solide et extérieure à nous, ou dans l'espace. Mais réciproquement
la solidité des corps n'est que la réalité que nous pla-
çons en eux au delà de l'apparence sensible ; et
l'espace, en tant que distinct de l'étendue visuelle et
tactile, n'est que la possibilité, conçue par notre
esprit, d'un ensemble de corps ou d'un monde réel.
La profondeur est, en définitive, le fantôme de l'existence, l'illusion de nos sens qui croient voir et toucher ce qui est l'objet propre de notre entendement.
On demande ce que la pensée ajoute à la perception :
on ne s'aperçoit pas que ce qu'on appelle perception est déjà en grande partie l'œuvre de la pensée.

Qu'est-ce donc que cette pensée, qui se lie en nous
à la perception sans se confondre avec elle, et dont la
lumière se réfléchit en quelque sorte de la perception
sur le sentiment et la volonté ? Écartons d'abord
toute idée de sujet spécial et mystérieux, de *moi*
transcendant et extérieur à la conscience sensible. Un
tel sujet ne serait, en effet, qu'un objet de plus, qui
ne pourrait exister qu'aux yeux d'une autre pensée,
et ainsi de suite à l'infini. D'ailleurs, comment la pensée, ainsi réalisée en dehors de nos états de conscience, ferait-elle pour les connaître ? La connaissance

n'est pas une action extérieure et mécanique qu'un être puisse exercer sur un autre : pour connaître une chose, il faut être, en quelque façon, cette chose même, et, pour cela, il faut d'abord ne pas en être soi-même une autre. La pensée est donc numériquement identique à la conscience sensible : elle en diffère, comme nous l'avons dit, en ce qu'elle convertit de simples états subjectifs en faits et en êtres qui existent en eux-mêmes et pour tous les esprits : elle est la conscience, non des choses, mais de la vérité ou de l'existence des choses. Il n'y a pas pour nous d'existence sans l'action d'une pensée qui la connaît et qui l'affirme ; il n'y a pas en nous de pensée qui ne soit la connaissance et l'affirmation d'une existence. Mais qu'est-ce que l'existence d'une chose, en tant que distincte de cette chose elle-même ? Que voulons-nous dire quand nous disons, d'un état interne ou d'un objet externe, qu'il *est*, et non seulement qu'il est, mais encore qu'il a été, ou même qu'il sera ? Ce dernier cas, qui semble le plus embarrassant des trois, est précisément celui qui nous donne la clef des deux autres : car, dire d'une chose qui n'est pas encore, qu'elle sera, c'est dire évidemment qu'elle *doit* être, ou qu'il y a dès à présent une raison qui la détermine à être. C'est sur cette même idée de raison déterminante que nous nous appuyons à notre insu pour affirmer la vérité d'une chose présente ou passée ; et, si nous refusons l'existence aux événements du rêve, quoiqu'ils nous frappent quelquefois aussi vivement que ceux de la veille, c'est parce qu'ils ne s'expliquent, ni par notre vie antérieure, ni même, le plus souvent, les uns par les autres. Ainsi ce que nous appelons vérité ou existence se distingue des données de la conscience sensible, non comme un fait se distingue d'un autre, mais comme le droit, en général, se distingue du fait : ce qui est, pour nous, ce n'est pas ce que nous sentons et ce que nous percevons, c'est encore moins quelque chose d'extérieur à nos sensations et à nos perceptions, c'est ce que nous *devons*, en vertu des lois de la nature et de la conscience, percevoir et sentir. Mais comment savons-nous que nous devons sentir ou percevoir une chose plutôt qu'une autre? Pourquoi telle succession d'événements nous semble-t-elle légitime et, par conséquent, vraie, tandis que telle autre nous paraît illégitime et, par conséquent, fausse? L'expérience peut bien nous apprendre que certaines successions se reproduisent plus fréquemment que d'autres et établir ainsi, entre la veille et le rêve, une distinction de fait : mais elle ne peut pas nous répondre que la veille ne soit pas elle-même un autre rêve, mieux suivi et plus durable : elle ne peut pas convertir le fait en droit, puisqu'elle ne se compose que de faits, et qu'il n'y a aucun de ces faits qui porte en lui-même, plutôt que tous les autres, le caractère du droit. Il faut donc que la conscience intellectuelle tire d'elle-même la lumière qui ne peut pas jaillir de la conscience sensible : il faut qu'il y ait en nous avant toute expérience une idée de ce qui doit être, un être idéal, comme le voulait Platon, qui soit pour nous le type et la mesure de l'être réel. C'est cette idée qui est, et qui seule peut être le sujet de la connaissance : car elle n'est point une chose, mais la vérité *à priori* de toutes choses, et la connaissance n'est que la conscience que cette vérité idéale prend d'elle-même en se reconnaissant dans les choses qui la réalisent. Maintenant comment cette idée existe-t-elle en nous ? Est-elle, comme les idées innées du spiritualisme vulgaire, un « fait rationnel », une donnée inexplicable de la conscience intellectuelle ? S'il en était ainsi, elle ne serait, sous le nom d'idée, qu'une chose d'un nouveau genre : elle serait peut-être le premier objet de la pensée, mais elle n'en serait pas encore le sujet, et elle aurait à justifier de sa vérité devant une idée antérieure, avant de s'ériger en *criterium* de la vérité des choses sensibles. L'idée qui doit nous servir à juger de tout ce qui nous est donné ne peut pas nous être elle-même donnée : que reste-t-il, sinon qu'elle se produise elle-même en nous, qu'elle soit et que nous soyons nous-mêmes, en tant que sujet intellectuel, une dialectique vivante ? Ne crai-

gnons pas de suspendre en quelque sorte la pensée
dans le vide : car elle ne peut reposer que sur elle-
même, et tout le reste ne peut reposer que sur elle : le
dernier point d'appui de toute vérité et de toute existence, c'est la spontanéité absolue de l'esprit.

Nous avons suivi jusqu'ici, dans l'étude de la conscience intellectuelle, la méthode d'analyse recommandée par M. Cousin : et le résultat de notre étude
est précisément que ce qu'il y a de plus intime dans
cette conscience ne peut pas être l'objet d'une analyse. La pensée dans son application à la conscience
sensible est un fait, que nous avons considéré comme
donné et que nous avons cherché à résoudre dans
ses éléments : le dernier de ces éléments, ou la pensée pure, est une idée qui se produit elle-même et
que nous ne pouvons connaître selon sa véritable nature qu'en la reproduisant par un procédé de construction à priori ou de synthèse. Ce passage de l'a-
nalyse à la synthèse est en même temps le passage de
la psychologie à la métaphysique.

Essayons donc de montrer comment l'idée de l'être
ou de la vérité se produit elle-même. Supposons que
nous ne sachions pas encore si cette idée existe :
nous savons du moins, dans cette hypothèse, qu'il
est vrai, ou qu'elle existe, ou qu'elle n'existe pas.
Nous pensons cette alternative elle-même sous la
forme de la vérité ou de l'être, sans laquelle nous ne

pouvons rien penser : il y a donc déjà en nous une
idée de l'être ou de la vérité. Ainsi l'idée de l'être,
considérée comme objet de la pensée, a pour antécédent et pour garantie l'idée de l'être, considérée
comme forme de cette même pensée. Dira-t-on que
l'idée de l'être, considérée comme forme de la pensée,
aurait elle-même besoin d'être garantie par une
forme antérieure? Soit, et c'est précisément ce qui a
lieu : car cette idée, dont l'existence est maintenant
en question, descend par cela même au rang d'objet
de la pensée ; et ce nouvel objet trouve aussitôt sa garantie dans une nouvelle forme, puisque, soit qu'il
existe, soit qu'il n'existe pas, il *est vrai*, encore une
fois, qu'il existe ou qu'il n'existe pas. L'idée de l'être
se déduit donc d'elle-même, non pas une fois, mais
autant de fois que l'on veut, ou à l'infini : elle se produit donc et se garantit absolument elle-même.
L'être est, pourrions-nous dire encore, mais en allant
dans cette proposition, contrairement à l'interpréta-
tion ordinaire, de l'attribut au sujet : car la pensée
commence par poser sa propre forme, qui est
l'être comme attribut : mais un attribut peut toujours être pris pour sujet de lui-même et, à tout ce
qui est, fût-ce au non-être, nous pouvons donner le
nom d'être : donc l'être est. Cette idée de l'être, dont
nous venons d'établir l'existence, paraîtra probablement bien vide : elle n'est, en effet, que l'idée ou la

forme même de l'existence, mais avec ce singulier
caractère qu'elle se produit logiquement elle-même.
Elle suffit, grâce à ce caractère, pour rendre compte
de deux éléments de la conscience sensible, dans lesquels elle se réfléchit en quelque sorte, et auxquels
elle confère par cela même une valeur objective. Elle
est son propre antécédent logique : elle a pour symbole, à ce titre, le temps, dans lequel un instant,
toujours semblable à lui-même, se précède lui-même
à l'infini. Le temps se réfléchit à son tour dans la
première dimension de l'étendue ou la longueur, dont
chaque partie suppose avant elle à l'infini une partie
semblable. Mais l'idée de l'être se transforme elle-même
au contact de son double symbole : et, tandis qu'elle
n'était d'abord que nécessité logique, détermination
du même par le même, elle devient, en s'appliquant à
l'étendue et au successif, détermination de l'homogène par l'homogène, nécessité mécanique, en un
mot, causalité. La causalité, voilà, en définitive,
l'être idéal ; un temps vide sous la figure d'une ligne
imaginaire, voilà l'être réel ou le monde : tout le reste
doit être tenu par nous pour une illusion et pour un
rêve.

Mais n'y a-t-il rien de plus dans l'idée de l'être que
ce que nous y avons vu jusqu'ici ? Considérée en elle-
même, et abstraction faite de ses rapports avec la
conscience sensible, cette idée n'est encore pour nous

que la forme vide d'une existence qui n'est l'existence de rien. Mais elle appelle par cela même,
comme son complément, celle d'un contenu distinct
de cette forme, d'un être, en quelque sorte, matériel,
qui devienne le sujet de cette existence et qui soit en
lui-même, non le fait d'être, mais *ce qui* est. Non
seulement cette seconde idée complète la première,
mais encore elle l'explique et la justifie : l'être abstrait va se rattacher, comme à sa racine, à l'être concret, et nous ne pouvons même plus concevoir l'existence que comme une sorte de manifestation de ce
qui existe. L'être est, dirons-nous une seconde fois,
et nous irons maintenant dans cette proposition,
comme on l'a toujours fait, du sujet à l'attribut :
l'être se pose d'abord en lui-même comme sujet et
comme essence et se manifeste ensuite hors de lui
par l'attribut de l'existence. Mais de quel droit l'être
se pose-t-il ainsi en lui-même ? Précisément parce qu'il
est l'être en soi, ou ce qui est : car, si la simple notion de l'existence nous a paru avoir une valeur objective, combien l'être qui existe et qui est le fondement de cette notion n'est-il pas plus vrai et plus
digne d'être ? Il n'y a point toutefois ici de nécessité
logique et rien n'oblige la pensée à passer de l'existence abstraite, qui est sa propre forme, au sujet
existant, qui donne à cette forme un contenu distinct
d'elle. Mais la pensée tend par elle-même à dépasser

la sphère de l'abstraction et du vide : elle pose spontanément l'être concret, afin de devenir elle-même,
en le posant, pensée concrète et vivante. La première
idée de l'être était à la fois le produit et l'expression
d'une nécessité : la seconde se produit en se voulant
elle-même et n'est elle-même que volonté. Que peut-
il y avoir maintenant en nous qui réalise la seconde
idée de l'être, comme le temps et la ligne nous ont
paru réaliser la première ? A l'être concret, qui n'est
plus extérieur, mais intérieur à lui-même, qui n'est
plus la forme vide, mais le contenu positif de l'être,
doit correspondre un mode de la conscience qui n'ait
plus rien d'extensif, mais qui ait, en revanche, une
intensité : et ce mode est la sensation. Mais la sensation, quoique simple, peut toujours être considérée
comme composée d'autres sensations de plus en plus
faibles : elle contient donc virtuellement une diversité simultanée, et cette diversité est figurée à son
tour dans la conscience par l'étendue à deux dimensions, ou la surface. Enfin ces deux nouveaux éléments de la conscience sensible réagissent, comme
les deux premiers, sur l'idée qu'ils réalisent ; et ce
qui n'était en soi que volonté d'être devient, en s'appliquant à la sensation et à l'étendue visible, volonté
de vivre, désir ou finalité. Nous achevons ainsi de re-
construire la conscience vivante telle que l'analyse
nous l'avait déjà donnée, et nous savons maintenant

qu'elle n'a pas moins de valeur objective que la conscience abstraite et mécanique que nous avons construite avant elle. La finalité est, au contraire, plus vraie que la causalité; la sensation, que le temps vide et la surface, que la ligne, parce que toutes trois correspondent à une forme plus haute et, pour ainsi dire, à une seconde puissance de l'idée de l'être.

Cette seconde puissance n'est pas la dernière. Être, au sens positif de ce mot, être nature ou essence est plus qu'être seulement la notion abstraite et la nécessité logique de l'existence : mais, ce qui est plus encore, c'est d'être supérieur à toute nature et affranchi de toute essence, de n'être, pour ainsi parler, que *soi*, c'est-à-dire pure conscience et pure affirmation de soi. Cette troisième idée de l'être n'est pas moins nécessaire à la seconde que celle-ci ne l'est à la première : car l'être concret est, sans doute, en lui-même vrai et digne d'être : mais qui peut décider qu'il est en effet, sinon une conscience distincte de lui, qui soit, en quelque sorte, témoin de sa vérité et juge de son droit à être ? Nous donnerons maintenant à la proposition « l'être est » sa forme développée « l'être est existant » ; et, après avoir reconnu la première idée de l'être dans l'attribut et la seconde dans le sujet, nous reconnaîtrons facilement la troisième dans la copule, qui affirme l'attribut du sujet et fait passer la proposition tout entière de la puissance à l'acte. Nous n'aurons pas non plus de peine à établir la valeur objective de cette troisième idée : car, si l'être concret nous a déjà paru plus vrai que l'être abstrait, combien n'est pas plus vrai encore celui en qui s'achève la vérité de l'un et de l'autre et qui est la vérité et la lumière elle-même ? Rien, sans doute, n'oblige la pensée à s'élever jusqu'à la troisième idée de l'être : car la vérité des deux premières pourrait rester virtuelle et latente. On ne peut pas même dire qu'elle tende à dépasser l'être en soi, comme elle a dépassé l'existence abstraite : car que lui reste-t-il à désirer au delà de l'être et de la vie ? Mais sa volonté véritable va plus loin que son désir et ne se repose que dans ce qui est supérieur à son être même, dans la pure action intellectuelle par laquelle elle le voit être et le fait être : la plus haute des idées naît d'un libre vouloir et n'est elle-même que liberté. Cette idée n'a pas, à proprement parler, d'image sensible : mais elle se réalise dans la pensée appliquée ou empirique, qui réfléchit sur la conscience sensible et affirme l'existence des éléments qui la constituent. La première forme de cette pensée est la réflexion individuelle, par laquelle chacun de nous affirme sa propre vie et sa propre durée et s'en distingue en les affirmant. La seconde est la perception réfléchie, par laquelle nous transportons hors de nous les objets étendus, en ajoutant aux deux dimensions de l'étendue visible celle qui n'est que l'affirmation figurée de l'existence, la profondeur. L'idée des idées, la liberté, réfléchit à son tour sur la réflexion individuelle et sur l'étendue à trois dimensions et devient ainsi la connaissance rationnelle ou philosophique de nous-mêmes et du monde. Étendue à trois dimensions, réflexion individuelle et raison : tels sont les éléments d'une troisième conscience, que nous avons déjà appelée intellectuelle, et qui est encore plus vraie que les deux précédentes, puisqu'elle est précisément la conscience et l'affirmation de leur vérité. Cette troisième conscience est aussi la dernière : le progrès de la pensée s'arrête lorsque, après s'être cherchée dans la nécessité, comme dans son ombre, puis dans la volonté, comme dans son corps, elle s'est enfin trouvée elle-même dans la liberté : il n'y a pas plus de quatrième idée de l'être que de quatrième dimension de l'étendue.

Peut-être, après ce double travail d'analyse et de synthèse, sommes-nous en droit de conclure définitivement et sur tous les points en faveur du spiritualisme.

Il est certain, d'abord, qu'il y a en nous des faits, ou plutôt des actes que l'on peut qualifier de spirituels et qui diffèrent profondément de tout ce qui est matériel et physique. Il ne faut pas confondre, comme on le fait souvent, la conscience avec l'esprit : le désir, la sensation, l'étendue visible font partie de la conscience, et ce sont les éléments même de la nature ; la causalité, le temps, la ligne sont aussi dans la conscience, mais n'y sont que comme les conditions abstraites de l'existence de la nature. Ce qui est proprement spirituel, c'est ce qui est, selon la remarque de Bossuet, intellectuel : c'est cette troisième conscience qui est la connaissance réfléchie des deux autres et que nous avons tour à tour analysée et reconstruite à priori. Cette conscience existe, car son existence ne pourrait être niée ou mise en doute que par elle-même ; elle doit, de plus, exister, parce qu'elle est le développement nécessaire de l'une des puissances de l'idée de l'être. Mais une connaissance ne peut porter que sur une vérité : nous sommes donc conduits à réunir deux questions que M. Cousin avait séparées et à affirmer, en même temps que l'existence de l'esprit, celle d'une vérité extérieure à lui et indépendante de lui. Nous savons, du reste, ce que c'est que cette vérité ; elle n'est ni une chose en soi ni un attribut de choses en soi : elle est l'idée même de l'être dans ses deux premières puissances et la manifestation de ces deux puissances dans le mécanisme et dans la vie. L'existence de cette vérité n'est pas pour nous une hypothèse destinée à expliquer le fait de la connaissance : nous l'avons vue se constituer elle-même dans l'absolu, en vertu soit d'une nécessité logique, soit d'un

progrès spontané de la pensée : nous savons directement et qu'elle est, et qu'elle doit être. Nous comprenons enfin le rapport de la connaissance avec la
vérité, qui est en même temps celui de l'esprit avec la
nature. C'est bien une seule et même raison, comme
le croyait M. Cousin, qui, d'impersonnelle qu'elle est
en elle-même, devient en nous réfléchie et personnelle; et il y a quelque chose de vrai, sinon dans le
matérialisme, du moins dans le naturalisme, qui fait
naître l'esprit des choses et ne voit dans l'intelligence
qu'une forme supérieure de la vie. Mais il ne suffit
pas de dire que l'esprit est en germe dans la nature :
il faut encore expliquer comment il s'en dégage et
comment la connaissance, sans cesser d'être identique
à la vérité, s'en distingue et s'y oppose. C'est ce que
nous avons essayé de faire en montrant que la connaissance débute par un acte libre et que la pensée
absolue, qui se manifeste dans les choses et qui les
rend vraies, a pour dernière forme et pour dernier mot
la liberté.

Nous croyons aussi, avec M. Cousin, que tout ce
qui se passe dans la conscience peut et doit être expliqué par un certain nombre de lois et de facultés.
Nous avons déjà distingué en nous deux sortes de lois,
dont les unes ne font qu'exprimer les rapports de nos
facultés entre elles, tandis que les autres déterminent
l'ordre de nos perceptions et, par suite, de toutes nos

modifications particulières. Nous continuons à renvoyer l'étude de ces dernières à la physiologie et à la physique, en remarquant toutefois qu'elles ne sont pas quelque chose de purement matériel et d'étranger à la pensée, puisqu'elles sont elles-mêmes déterminées à priori par la double idée de la causalité et de la finalité. Quant à nos facultés, nous en avons aussi, à plusieurs reprises, énuméré quelques-unes, mais nous venons peut-être d'en dresser la liste complète, dans notre travail de synthèse ou de construction de la conscience. On nous demandera sans doute si la nécessité, le temps, l'étendue linéaire sont des facultés ou de simples objets de connaissance : nous répondrons que ce sont pour nous des actes permanents de la conscience, qui se pose, en effet, comme pur objet ou pure vérité, avant de devenir pensée réfléchie et libre affirmation d'elle-même. Il est d'ailleurs, croyons-nous, de l'essence de nos facultés d'être à la fois les actes constitutifs et les objets irréductibles de la conscience. Les unes, comme la nécessité, la volonté, la liberté, sont les principes proprement dits, qui rendent possible et vrai à priori tout ce qui existe ; les autres, comme le temps, la sensation, la réflexion individuelle, les trois puissances de l'étendue, sont ces notions ou natures simples dont parlaient Descartes et Leibniz et qui étaient, suivant eux, les derniers éléments des choses. Ainsi la théorie des facultés coïncide pour nous dans toutes ses parties avec ce qu'on appelait naguère la théorie de la raison. Nous adoptons ces deux théories. à peu près telles, au moins dans leurs traits généraux, que nous les donne la psychologie spiritualiste : mais nous avons dû, pour les justifier, suivre une méthode qui n'est pas la sienne. On peut bien, en effet, constater en soi l'existence de telle ou telle fonction intellectuelle ou sensible : mais comment savoir si cette fonction n'est pas un simple produit de l'habitude, si elle est aujourd'hui la même chez tous les hommes, si on la retrouvera la même demain dans sa propre conscience ? Il faut donc démontrer les principes et définir à priori les facultés ; et, d'un autre côté, comment passer, par le raisonnement, d'une forme simple de la conscience à une autre forme qui, par hypothèse, n'est pas contenue dans la première ? C'est cependant ce que nous avons essayé de faire, en supposant que la conscience, avec tout ce qu'elle renferme, gravite en quelque sorte vers la liberté et l'intelligence. Si notre déduction ne semble pas assez rigoureuse, que la difficulté du problème soit notre excuse.

Il ne nous reste plus qu'à nous expliquer une dernière fois sur les deux questions, évidemment connexes, du *moi* et de la liberté. Nous avons dit tantôt que le *moi* était à la fois la volonté de vivre et l'état affectif fondamental qui en est, dans chacun de nous, l'expression immédiate. Tel est peut-être, en effet, notre *moi* sensible ou le *moi* de l'animal en nous : mais le *moi* véritable de l'homme doit être cherché plus haut, dans sa réflexion sur lui-même, ou plutôt dans la réflexion de la pensée absolue sur elle-même. Nous sommes, en nous-mêmes, l'acte absolu par lequel l'idée de l'être, sous sa troisième forme, affirme sa propre vérité : nous sommes, pour nous-mêmes, le phénomène de cet acte, ou cette réflexion individuelle par laquelle chacun de nous affirme sa propre existence. Cette double affirmation est libre, non seulement parce qu'elle n'a pas d'autre cause productrice qu'elle-même, mais encore parce qu'il n'y a rien, dans la vérité qu'elle affirme, qui la détermine comme une matière préexistante. L'être tel que nous le concevons n'est pas, d'abord une nécessité aveugle, puis une volonté, qui serait enchaînée d'avance par cette nécessité, enfin une liberté, qui n'aurait plus qu'à constater l'existence de l'une et de l'autre. Il est tout entier liberté, en tant qu'il se produit lui-même, tout entier volonté, en tant qu'il se produit comme quelque chose de concret et de réel, tout entier nécessité, en tant que cette production est intelligible et rend compte d'elle-même. De même chacun de nous n'est pas, d'abord, un mécanisme d'états internes, puis un caractère, qui ne serait déjà que l'expression de ce mécanisme, puis une réflexion ou un *moi*, témoin inutile et irresponsable de notre vie intérieure. L'acte par lequel nous affirmons notre propre être le constitue, au contraire, tout entier, car c'est cet acte même qui se réalise et se fixe dans notre caractère et qui se manifeste et se développe dans notre histoire. Il ne faut donc pas dire que nous nous affirmons tels que nous sommes, mais au contraire, que nous sommes tels que nous nous affirmons. Il ne faut pas dire surtout que notre présent dépend de notre passé, qui lui-même n'est plus en notre pouvoir : car nous créons tous les instants de notre vie par un seul et même acte, à la fois présent à chacun et supérieur à tous. Nous avons conscience, dans chaque instant, de cet acte et, par suite, de notre liberté ; et, d'un autre côté, lorsque nous considérons ces instants les uns par rapport aux autres, nous trouvons qu'ils forment une chaîne continue et un mécanisme inflexible. Nous accomplissons, en un mot, une destinée que nous avons choisie, ou plutôt que nous ne cessons pas de choisir : pourquoi notre choix n'est-il pas meilleur, pourquoi préférons-nous librement le mal au bien, c'est ce qu'il faut, selon toute apparence, renoncer à comprendre. Expliquer, d'ailleurs, serait absoudre, et la métaphysique ne doit pas expliquer ce que condamne la morale.

Résumons cette dernière partie de notre étude comme nous avons résumé la précédente. Nous avons donné, cette fois, raison au spiritualisme, mais dans des termes et par des procédés qui ne sont plus tout à fait ceux de M. Cousin. Nous avons d'abord étudié avec lui la pensée comme un fait : seulement nous avons vu en elle, non un genre particulier de représentation, mais l'action de donner à nos représentations sensibles une valeur objective. Nous avons cherché à la saisir, non par une observation directe, mais par l'analyse réflexive des jugements qu'elle porte sur les choses.

Nous n'avons cru, jusque-là, ni franchir les limites, ni répudier la méthode de la psychologie. Mais nous nous sommes bientôt aperçus que la pensée n'est pas une simple donnée de la conscience et qu'elle implique une sorte de déduction et de production d'elle-même.

Nous avons alors abandonné l'analyse et essayé de suivre, par un procédé de construction et de synthèse, le progrès dialectique de la pensée. En même temps, ce qui n'était d'abord pour nous que notre pensée nous est apparu comme la vérité en soi, comme l'être idéal qui contient ou pose à priori les conditions de toute existence. Nous avons été ainsi conduits à esquisser quelques traits d'une science qui, si elle parvenait à se constituer, serait à la fois celle de la pensée et celle de toutes choses. L'homme intérieur est double, et il n'y a rien d'étonnant à ce qu'il soit l'objet de deux sciences qui se complètent l'une l'autre. La psychologie a pour domaine la conscience sensible : elle ne connaît de la pensée que la lumière qu'elle répand sur la sensation : la science de la pensée en elle-même, de la lumière dans sa source, c'est la métaphysique.

FIN

TABLE DES MATIÈRES

22. 11.5. — Tours, imp. E. Arrault et Cⁱᵉ.

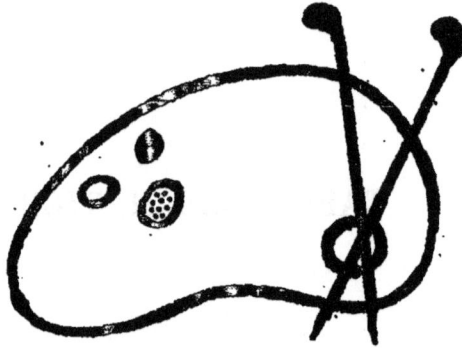

Original en couleur

NF Z 43-120-8